CULTURBOOKS

FRANK GÖHRE

—

SIZILIANISCHE NACHT

KRIMINALROMAN

Originalausgabe
Copyright © CulturBooks Verlag 2025
Gärtnerstraße 122, 20253 Hamburg, Deutschland
Tel. +49 40 31 10 80 81
info@culturbooks.de
www.culturbooks.de
Alle Rechte vorbehalten

Redaktion: Jan Karsten
Herstellung: Klaus Schöffner
Satz: CulturBooks
Umschlaggestaltung: Cordula Schmidt Design, Hamburg
Der Abdruck des Rückseitenfotos erfolgt mit
freundlicher Genehmigung des Grand Hotel et Des Palmes.
Druck und Bindung: CPI – Clausen & Bosse, Leck
Printed in Germany
1. Auflage 2025
ISBN 978-3-95988-244-6

Die längste Reise aber ist die zu sich selbst.
Frei nach Michel Leiris,
Ethnologe, Schriftsteller (1901–1990)

When it's night time in Italy
It's Wednesday over here
When it's midnight in Sicily ...
The Everly Brothers,
Night Time in Italy

PERSONEN

Jean-Paul Durand	Reisender und Erfinder
Die Madame	
(Aleksandra Wojcik)	seine Begleitung
Pierre	Chauffeur
Lucio Toretta	Hoteldirektor
Angelo Micelli	Empfangschef
Gigi	Hoteldiener
Enrico Mattei	Hotelarzt
Guido Butera,	
Nino Manzella	ehrenwerte Freunde
Commissario Fanfani	Ermittler
Der Neffe	Vermögensverwalter
Serge	der vorherige Chauffeur

DIE HEILIGE ROSALIA

Schutzpatronin der Stadt Palermo.

Sie wuchs im elften Jahrhundert als Tochter eines Grafen am sizilianischen Hof auf. Schon als junges Mädchen weihte sie ihr Leben einzig und allein Gott, dem Allmächtigen.

Als ihr Vater wegen einer Verschwörung gegen den Staat hingerichtet wurde, zog sie sich in eine Höhle am Monte Pellegrino in die Einsamkeit zurück. Der Überlieferung zufolge verweste nach ihrem Tod der Körper nicht. Goldglänzend bekleidet ruht die Ganzkörperreliquie hinter Glas in der Kapelle der Kathedrale in Palermo, der Öffentlichkeit nur einmal im Jahr zugänglich. Dann findet in der Stadt ein mehrtägiges Fest zu Ehren der Heiligen Rosalia statt. Verehrt wird sie als Schutzpatronin gegen die Pest und alles Übel der Welt, gegen Krankheit, Krieg und Katastrophen. Gefeiert wird sie mit einer Prozession zum Monte Pellegrino, festlichem Essen mit der Familie und Freunden sowie einem Feuerwerk. Es ist ein Fest des Lebens und der Lebensfreude. Eines Lebens über den Tod hinaus. So ist es, und so wird es sein, immerdar in Zeit und Ewigkeit.

JEAN-PAUL DURAND, EIN MANN MIT VERMÖGEN

Jean-Paul Durand war ein gut aussehender sechsundfünfzigjähriger Mann mit ovalem Gesicht und dunklem, vollem Haar. Ein sorgfältig gestutzter Schnäuzer zierte seine Oberlippe. Er trug maßgeschneiderte Anzüge, Hemden mit abgerundetem Kragen, farbige Krawatten und gepunktete Querbinder. Schmuck trug er nicht, keine Ringe, nicht einmal eine Krawattennadel, keine Einsteckuhr.

Er pflegte seine Kragen nur einmal zu tragen, seine Hemden nur ein paarmal, einen Anzug, einen Mantel, einen Hut oder Hosenträger nur fünfzehnmal und einen Schlips nur dreimal. Er verabscheute Gewaschenes. Wenn er sich völlig neu einkleidete, sagte er: »Ich schwebe ... heute ist alles neu.«

Wir können uns Jean-Paul Durand als einen Karl Lagerfeld zu Beginn des neunzehnten Jahrhunderts vorstellen.

Eine Fotografie zeigt ihn mit seiner Mutter. Neben ihr wirkt er klein und schmächtig. Sie stehen an einem Tischchen, auf dem zwei Pekinesen aus Porzellan platziert sind.

Jean-Paul liebte seine Mutter. Er verzieh sich nie, dass er auf Weltreise war, als sie starb. In ihren Sarg ließ er ein Glasfenster einsetzen, um noch lange ihr Gesicht sehen zu können. Es war bleich und weich. Er vergoss viele Tränen.

Als Einundzwanzigjähriger wurde er wegen seiner Homosexualität erpresst. Man unterstellte ihm Pädophilie. Später versteckte er seine Homosexualität hinter den sexuellen Reizen einer Madame aus dem Milieu.

Er hatte seinen Wehrdienst absolviert und war ein hervorragender Pistolenschütze.

Sein Erbe war beträchtlich. Es bestand aus Immobilien und Grundbesitz in Paris und Umgebung und mehreren Millionen Goldfrancs. Das ermöglichte ihm, allein seinen speziellen Interessen nachzugehen.

Er liebte die Literatur, das Theater und die Oper. Er bewunderte Jules Verne und den Reiseschriftsteller Pierre Loti.

Er konstruierte und finanzierte ein Wohnmobil, lang und schmal wie ein Sarg. Es war das schwarze Gegenstück zu dem weißen Sarg seiner Mutter. Das Fahrzeug machte ihn berühmt, aber nicht glücklich.

Infolge der Weltwirtschaftskrise Ende der Zwanzigerjahre schrumpfte sein Vermögen. Es blieb dennoch beachtlich.

Jean-Paul Durand war ein leidenschaftlicher und genialer Schachspieler.

Er rauchte, er trank, und er war medikamenten-süchtig.

Er nahm Schmerz- und Betäubungsmittel in gro-ßen Mengen. Seine letzte Wohnadresse war ein Hotel Garni in der Rue Pigalle, im Pariser Milieu.

ANREISE

Zweimal mussten Jean-Paul Durand und seine Begleiterin die Reise nach Palermo unterbrechen. Sie nächtigten in Gasthöfen, die Durands Ansprüchen in keiner Weise genügten. Enge Treppen und zu kleine Zimmer, kein Wannenbad, zu wenig Platz für das Gepäck. Ein immenser Aufwand für den Wimpernschlag nur einer Nacht. Und dann die Mahlzeiten! Eine Katastrophe. Rind und Huhn ungenießbar. Zäh und trocken. Das Gemüse zerkocht. Als Dessert wurde Obst angeboten, überreife Birnen, nicht entkernte Pflaumen. Lediglich der Wein war zufriedenstellend.

Durand wachte morgens mit schwerem Kopf auf, schleppte sich zu dem extra für diese Reise erworbenen Peugeot und schloss im Fond des Wagens die Augen.

Erschöpft, müde.

Mit schwachen Gliedern. Das Gehen fiel ihm schwer.

Doch er reiste. Er war nach Indien und Australien, nach Neuseeland, Ägypten und Marokko gereist. Zu Land und auf dem Meer. Mit der Bahn und mit dem Automobil. Er hatte nicht alles von der Welt gesehen, aber sehr, sehr viel. Letztlich zu viel. Er hatte zigtausend Bilder gespeichert, abrufbar zu jeder Zeit. Die bewahrte er. Sie begleiteten ihn Tag und Nacht, bis in den Schlaf. Doch der Schlaf kam nur noch mithilfe diverser Tabletten.

Madame hatte ihren Platz vorn auf dem Beifahrersitz. Sie studierte die Straßenkarte und gab dem Chauffeur Anweisungen.

Durand hatte lange gezögert, diesen Mann zu engagieren. Er war jung, kam aus der Provinz. Ein Mechaniker. Seine Papiere waren auf den Namen Pierre Roché ausgestellt. Durand hatte in Paris einige Male seine Dienste in Anspruch genommen und war sehr zufrieden gewesen. Pierre fuhr zügig und dabei absolut sicher. Er war reaktionsschnell. Ein Mann, für das Automobil geboren.

Durands Zögern war seinem langjährigen Fahrer Serge geschuldet, einem ehemaligen Fremdenlegionär, der schon Durands selbst entworfenes Wohnmobil quer durch Europa gesteuert hatte. Doch Serge war erschreckend schnell gealtert, seine Sehkraft hatte nachgelassen, und er ermüdete rasch. Trotzdem hatte er sich die Reise zugetraut. Madame hatte schließlich entschieden.

Durand schmiegte sich in den gepolsterten Wagensitz, sein Kopf ruhte auf einem weichen Kissen, er lauschte den Geräuschen der Fahrt, dem Holpern der Räder, dem Wind und dem Geplapper der Passanten, an denen sie in den Ortschaften vorbeituckerten.

Es war später Nachmittag, als sie den Hafen von Genua erreichten und gerade noch auf die Fähre nach Palermo verschifft werden konnten.

An Bord zog Durand sich in eine der wenigen noch verfügbaren Kajüten zurück. Er kleidete sich um. Frische Unterwäsche, eine weite weiße Leinenhose, einen champagnerfarbenen Pullover, marokkanische Hausschuhe. Er hüllte sich in den Morgenmantel und nahm seine Tabletten, schluckte ein paar mehr. Ein Sturm war angekündigt.

Durand kroch in die schmale Koje, das Meer wogte unter dem Kiel der Fähre, wogte und wogte, wogte noch ruhig auf und nieder, und er lag da mit offenen Augen ... die Wellen schlugen an den Strand von Biarritz, er träumte, er träumte ... er träumte von langen Sommertagen und vom Baden im Meer, aus der Villa am Hügel klang eine Symphonie, es gab eisgekühlte Getränke ... perlenden Champagner, Champagner, in gierigen Schlucken getrunken, der Vater fiel tot um ... und er träumte, er träumte ... er presste sein Gesicht an den Rock der Mutter ... wir bleiben zusammen, für immer, versprich mir das, mein kleiner Prinz ... der Schaum auf dem Kamm der Wellen zerstob, und er irrte durch die unzähligen Räume des Gebäudes, versteckte sich in hohen Schränken und trat als Pirat oder Fischer verkleidet heraus, wurde bewundert und beklatscht ... er war ein hübsches Kind, eine Hand strich zärtlich über seinen Lockenkopf ... er verspürte eine Erektion ... und er träumte, er träumte ... Stahlplatten wurden aneinandergeschweißt, Funken sprühten auf die technischen Zeichnungen und Berechnungen, ein Motor fand stotternd seinen Takt ... wie ein riesiger Buckelwal tauchte das eiserne Monster in die Tiefe, Kapitän Nemo übernahm das Kommando ... und er träumte, er träumte, wie er den Kapitän über die Gänge bis zum Mittelteil des Schiffs begleitete, sie reichten sich die Hand, waren sich nah, und ... er tauchte ab ... zwanzigtausend Meilen unter dem Meer, und er träumte ... er glitt durch Korallengärten, auf dem Meeresboden Edelsteine, Waffen und menschliche Gebeine ... er träumte, dass all das für ihn war, all diese versunkenen Schätze, und er rief, er rief, ich habe sie entdeckt, hört ihr, ich habe das alles entdeckt, so hört mich doch ... er flehte, so spendet mir doch Applaus, die Anerkennung meiner Arbeiten, erhebt euch von euren Sitzen, ich habe euch auch unterhalten, ich habe euch amüsiert ... doch er hörte nur ein einziges Händeklatschen, es hallte wider in dem ausgeräumten Salon seiner Eltern ... und er sah, dass das Wasser über ihm hart und reglos wurde, fest wie eine Marmorplatte, wie ein Grabstein ... Ein heftiger Ruck riss Durand aus seinen Träumereien, aus seinen mit Erinnerungen verwobenen Fantasien, seiner Furcht. Er suchte Halt, schreckensbleich.

Als Madame frühmorgens an Deck kam, sah sie Pierre an der Reling stehen, er schwankte ein wenig, war unsicher auf den Beinen. Sie stellte sich neben ihn.

»Vermissen Sie Paris?«, fragte sie. Er reagierte nicht gleich, blickte sie auch nicht an.

»Eine heftige See«, sagte er. »Das kannte ich nicht. Es ist gewaltig.« Er hatte einen leicht schleppenden Tonfall. »Nein, Madame, nein. Paris vermisse ich nicht.«

Auch sie ließ sich Zeit. Gischt sprühte ihr ins Gesicht. Sie hatte ein schmales Gesicht, fein geschnitten. Ihre Augen waren hell und wach. Das rostrote, leicht gekräuselte Haar fiel ihr unter der Kappe bis in den Nacken. Ein auf Taille geschnittener Mantel betonte ihre schlanke Figur. Sie war schön, eine schöne Frau Anfang vierzig.

»Monsieur kann sehr anstrengend sein«, sagte sie.

Pierre zuckte die Achseln.

»Er zahlt einen guten Preis«, sagte er. »Und auch noch was drauf. Das hat er mir in die Hand versprochen.«

»Ich habe es ihm nahegelegt.«

Pierre wandte sich ihr zu, leicht irritiert.

»Es wird ein größerer Betrag sein«, sagte sie. »Kein Trinkgeld.« Er hob die Augenbrauen.

»Das ist …«

»Ich denke, dass Sie sehr zuverlässig sind, Pierre. Und ich vertraue Ihnen. Ich weiß nicht, wie lange wir in Palermo bleiben werden und was uns dort erwartet. Der Monsieur lebt in seiner eigenen Welt, und er ist geschwächt. Ich bin ja auch das erste Mal längere Zeit mit ihm unterwegs und … es ist nicht leicht für mich, Pierre.« Sie legte ihre Hand auf seinen Arm, strich leicht über das glatte schwarze Leder seiner Jacke. »Ich werde Ihre Unterstützung in Anspruch nehmen müssen, Ihre Hilfe.«

Sie sah zum Bug der sich durch die Wellen kämpfenden Fähre. Vögel kreisten über ihnen. Die Küste Siziliens zeichnete sich im Dunst des Morgens ab.

GRAND HOTEL ET DES PALMES

Am 3. Juni des Jahres, in dem sich Adolf Hitler als neuer Reichskanzler und Führer in Berlin von Zehntausenden bejubeln ließ und Mussolini schon seit elf Jahren Ministerpräsident des Königreichs Italien war, trafen Jean-Paul Durand und die Madame in Palermo ein.

Es war das Jahr 1933.

Pierre steuerte den Peugeot im Schritttempo durch die engen Gassen, vorbei an den Ständen des angrenzenden Markts. Der Duft von geröstetem Kaffee lag in der Luft, von frittiertem Gebäck aus Kichererbsenmehl. Auf zerstoßenem Eis lag der nächtliche Fang der Fischer, lagen Garnelen und Kuttelfische, Sardinen, gestreifte Makrelen, Tintenfisch und blutroter Thunfisch. Daneben ein Stand mit Olivenöl in Literflaschen und Kanistern. Tomaten in Dosen. Gewürze. Kräuter, Oregano und Majoran, Rosmarin, Thymian, Petersilie. Chilischoten, zu Zöpfen geflochtene Knoblauchknollen. Fässer mit schwarzen und grünen Oliven, kleine und große. Und dann das Fleisch. Schweinehälften, Rippen. Lenden und Keulen, großzügig portionierte Filets, abgehäutete Ziegenköpfe, gerupfte Hühner, aufgeknüpft an ihren Krallen. Batterien von Eiern. Gemüse. Paprika, rot, grün und gelb. Zucchini und Auberginen. Zwiebeln und Lauch. Obst. Melonen, Pfirsiche und Feigen. Über alldem lautstark die rauen Stimmen der Marktfrauen, ihre Ware anpreisend, sich gegenseitig überbietend.

Die Sonne hatte ihren Zenit erreicht.

Madame fächelte sich Luft zu.

Durand hatte wie so oft die Augen geschlossen, die breite Krempe des Panamas tief in die Stirn gezogen.

Das Fahrzeug näherte sich der Hauptverkehrsstraße.

Prachtvolle Gebäude kamen in Sicht.

Villen, Paläste hinter schmiedeeisernen Toren.

»Da ist es!«, rief Madame.

Das Hotel. Das Grand Hotel et Des Palmes.

Pierre wendete und hielt am Straßenrand. Drei livrierte, junge Burschen eilten auf den Wagen zu. Einer öffnete Madame den Schlag, die beiden anderen wurden angewiesen, sich um das Gepäck zu kümmern. Pierre half Monsieur beim Aussteigen. Durand rückte den Panama zurecht und ließ sich seinen Gehstock reichen. Madame machte Anstalten, ihn zu stützen.

Er wehrte sie ab.

Er blickte an der prächtigen Fassade des Hotels hinauf, ließ den Blick auf den Fenstern ruhen, den schmalen mit Efeu und Bougainvilleen umrankten Balkons.

»Das also ist es«, sagte er schließlich. »Ein Ort mit Geschichte. Einer großen Geschichte. Wagner hat hier den ›Parzival‹ komponiert, Pierre, die Entwicklung eines Unwissenden zum Gralskönig. Richard Wagner. Er ist ein Gott!« Er nickte Pierre zu, hängte sich wie selbstverständlich bei ihm ein, drückte den Arm sanft an sich. »Aber auch Grausamkeiten gab es hinter diesen Mauern. Das ist zu spüren. *Ich* spüre es. Es liegt den Bewohnern dieser Insel im Blut.«

Ihre Schritte glichen sich an, das gefiel Madame nicht.

»Nun denn«, sagte Durand und ließ die Spitze des Gehstocks hart auf die Marmorplatten klacken. »Stellen wir uns dem Geschehen.«

In der Empfangshalle des Hotels saßen zwei Männer an einem niedrigen Glastisch, schwarz gekleidet, mit Krawatte und Hut. Kräftige Burschen mit glatten, harten Gesichtern. Sie tranken Espressi und rauchten. Wie auf Kommando sahen sie zu dem an ihnen vorbeigehenden Durand auf, der kurz seinen Panama lüftete.

Der Empfangschef kam hinter seinem Pult hervor.

»Willkommen, die Herrschaften, ein herzliches Willkommen. Angelo – wenn es genehm ist.« Er verbeugte sich. »Angelo Micelli. Ganz zu Ihren Diensten.«

»Besten Dank«, erwiderte Madame. »Wir benötigen zwei nebeneinanderliegende Zimmer, nicht
ebenerdig und ruhig, vor allem ruhig. Und für unseren Chauffeur …«

»Wir haben Unterkünfte für das Personal, das
sollte kein Problem sein.«

»Wir werden eine längere Zeit bleiben«, sagte
Madame. »Ich gehe davon aus, dass Sie uns einen
annehmbaren Preis nennen können. Herr Durand
trägt einen berühmten Namen. Er ist Erfinder.
Wir sind aus Paris.«

ZIMMER 224

Ein Zimmer mit Blick vom Balkon auf eine von Palmen gesäumte Nebenstraße. Vormittagssonne. Stilvolles Mobiliar. Zwei getrennt stehende Betten, darauf goldglänzende Tagesdecken aus Brokat. Ein Kleiderschrank, ein antiker Sekretär mit einem Dutzend Schubfächern, ein Stuhl, ein Sessel mit hoher Rückenlehne.

Durand setzte sich.

Er wies Pierre an, den schweren Überseekoffer vor die Verbindungstür zum Nebenzimmer zu rücken und ihn zu öffnen. Sichtlich zufrieden verfolgte er die Aktion.

»Danke, Pierre«, sagte er. »So ist es gut. – Wenn du jetzt bitte die Handschuhe überstreifen würdest. Ich werde dir sagen, wo welche Kleidungsstücke in dem Schrank unterzubringen sind. Die Anzüge zuerst. Gibt es Kleiderbügel?«

Es gab mehr, als benötigt wurden, schwere Holzbügel mit eingravierten Initialen des Grand Hotels. Der Boden des Schranks und die Fächer waren mit gestärkten weißen Tüchern ausgelegt. Eine Zeit lang ging es zügig voran. Doch dann schien Durand schlagartig zu ermüden. Er bat um Wasser.

Er ließ sich seine lederne Schreibmappe reichen, zog einige Papiere heraus. Handtellergroße Zettel flatterten zu Boden. Sie waren eng beschreiben. Bekritzelt mit Zahlen und Skizzen.

Pierre bückte sich nach ihnen.

Durand hielt ihn zurück.

»Das sind nur Notizen«, sagte er. »Varianten. Ich seh sie mir später noch mal an.«

Pierre blickte fragend zu ihm hoch.

»Schachzüge«, erklärte Durand. »Ich suche nach einer Strategie, den König schnell zu Fall zu bringen. Spielst du Schach?«

»Nein. Nur hin und wieder ein Ecarté. Wenn ich mit dem Wagen in die Werkstatt muss.«

»Spielst du um Geld?«

»Unsereins hat nie viel in der Tasche. Es ist mehr zum Zeitvertreib.«

Durand nickte. Er blätterte die Papiere durch.

»Ich habe notiert, was ich der Madame aufgeschrieben habe. Es sollten zwei Dutzend sein, zwei Dutzend Hemden von Cavanagh, ein Ire, ein Meister seines Fachs. – Wie viele sind es?«

Pierre zählte den Stapel durch.

»Siebzehn«, sagte er. »Eins tragen Sie.«

»Sind achtzehn. Drei haben wir unterwegs entsorgt. Der Schmutz, der Dreck der Straßen und Herbergen hing allzu arg in ihnen. Sind einundzwanzig. Fehlen also drei.«

»Ich hab sie nicht ...«

»Pierre, das weiß ich, das weiß ich doch«, sagte er. »Madame wird sich geirrt haben oder ...« Er winkte ab. »Es ist, wie es ist. Wir wollen kein Aufhebens davon machen.«

Er nestelte ein Tablettenröhrchen aus seiner Westentasche, schüttelte drei heraus und nahm sie mit einem Schluck Wasser ein. Seine Hände zitterten leicht.

Angelo betrat das Büro des Direktors Toretta im fünften Stock. Es war ein Raum mit großen Fenstern, die Leinenvorhänge waren zugezogen. Noch in der Tür zündete sich Angelo eine Zigarette an. Er baute sich vor Torettas Schreibtisch auf, die Zigarette in der abgewinkelten Hand.

Geziert. Ein Stenz.

»Hoher Besuch«, verkündete er. »Eine Ehre für unser Haus, eine große Ehre!«

»Besuch? Von wem? Ich erwarte niemanden, und zu dieser Zeit schon gar nicht. Es ist Samstag, Angelo, und die Familie kommt gleich zum Essen zusammen.«

Angelo hob beschwörend die Hände.

»Es ist ein Franzose«, sagte er, »in Begleitung seiner Frau Gemahlin und einem Chauffeur. Er hatte erst vor Kurzem eine Audienz beim Heiligen Vater –«, er bekreuzigte sich flüchtig, »und, Signore ...«

»Moment, Moment ...«

»... und stellen Sie sich vor, auch der Duce hat ihn empfangen. Er hat sich eine Stunde lang mit ihm unterhalten. Eine Stunde! Er war sehr interessiert, der Duce!«

»Der Papst *und* der Duce?«

»Der Herr ... er hat ein Auto gebaut – ein Auto, was sage ich? Ein Wunderwerk der Konstruktion, ein Fahrzeug, in dem man wohnen kann! Ein Haus auf Rädern! Man ist damit unterwegs und hat sein eigenes Bett dabei, seinen Sessel und ein Bad, ein Bad, Signore! Er muss nirgendwo nach einer Unterkunft Ausschau halten! Signore ...!«

»Schon gut, Angelo, schon gut«, Direktor Toretta stand von seinem Schreibtisch auf. Er war von kompakter Statur, Schweiß perlte auf seinem kahlen Schädel. »Sie sind ja ganz außer sich. Was will denn dieser Herr von mir?«

»Die Herrschaften haben sich auf unbestimmte Zeit bei uns einquartiert, Zimmer 224 und 226. – Gigi, Sie wissen, der Gigi aus der Küche, er hat einen Cousin bei der Zeitung. Er ist direkt zu ihm gelaufen und hat sich erkundigt. Dieser Franzose –« Er beugte sich zu dem Direktor vor, flüsterte ihm ins Ohr, »er verfügt über ein immenses Vermögen ...«

Madame stellte fest, dass die Verbindungstür zum Nebenzimmer versperrt war. Sie maß dem keinerlei Bedeutung bei. Monsieur richtete sich ein. Monsieur wollte erst einmal für sich sein. Schottete sich ab. Sollte er.

Seit gut zehn Jahren kannten sie sich. Anfangs hatte er sie nur in großen Abständen aufgesucht.

Er hatte seine vermeintlichen Sünden gebeichtet und sich bestrafen lassen. Direkt danach war er meist wortlos gegangen. Langsam aber hatte sich dann doch eine persönlichere Beziehung entwickelt. Es kam zu gemeinsamen Spaziergängen im Park und an der Seine entlang, sie saßen bei Tee und Gebäck in einem der Straßencafés zusammen und manchmal auch bei einem nächtliches Essen in dem kleinen Kellerrestaurant auf der Île de la Cité.

Er gab viel Geld für sie aus, für Kleidung, Schmuck und allerlei Spezereien, und auch für ihre diversen, privaten Verpflichtungen. Der ursprünglich vereinbarte Betrag für ihre Dienste war in Vergessenheit geraten. Sie hatte es geschehen lassen. Sie profitierte inzwischen wesentlich mehr von ihm. Und das sollte so bleiben, zeit seines Lebens. Dafür nahm sie einiges auf sich an Jammern und Klagen.

Madame öffnete die Balkontür und blickte kurz hinaus auf die in der Mittagshitze liegende, menschenleeren Straße. Sie begann nun ebenfalls, ihre Sachen auszupacken.

Durand schloss hinter Pierre die Tür, verriegelte sie. Er öffnete die beiden letzten Beutel und begann, die Medikamente zu zählen, sie seinen Bedürfnissen nach zu ordnen.

Somnothyril und Sonéryl.

Hypalène, Rutonal, Phanodorme.

Declonol und Hyrpholène.

Neurinase, Veriane und Neosedan.

Schwere Beruhigungs- und Schlafmittel.

In Schachteln und Röhrchen. Zwanzig, fünfzig, hundert Milligramm.

In angebrochenen Fläschchen.

Suchtmittel.

Barbiturate.

Wasser, er musste noch Wasser aufs Zimmer bestellen.

Das berühmte Heilwasser aus Fiuggi. Und ein paar große Karaffen. Er notierte es auf einen der noch am Boden liegenden Zettel. Er musste sich mehr als zuvor notieren. Das menschliche Gehirn ist eine Fehlkonstruktion, sagte er sich wieder einmal. Er hob die letzte, noch nicht geleerte Reisetasche aufs Bett. Nahm das halbe Dutzend Bücher heraus, die Romane von Jules Verne und Pierre Loti. Das Schachbrett und die arabischen Figuren. Zuletzt den schmalen, quadratischen Eichenkasten.

Durand öffnete ihn.

Auf blauem Filz lag der .450 Revolver.

Durand überprüfte, dass er geladen war. Er wiegte ihn in der Hand, bevor er ihn behutsam zurücklegte.

Pierre saß auf der schmalen Bank, einen Teller mit breiten, dampfenden Nudeln und kross gebratenen Speckwürfeln vor sich. Gigi schlug ein rohes Ei darüber und zeigte ihm, wie man es mit den Nudeln vermengte. Er gab geriebenen Käse dazu.

Er nahm einen Bissen. Er lachte und nickte Pierre auffordernd zu.

Gigi war der Einzige, mit dem Pierre sich einigermaßen verständigen konnte. Ein schmaler, aber kräftiger Bursche mit wachen Augen. Er war in Pierres Alter, schien aber schon sehr viel mehr erlebt haben.

Pierre aß. Es war gut. Es war köstlich. Pierre hatte nie zuvor etwas vergleichbar Wohlschmeckendes verzehrt. Er gab es Gigi zu verstehen. Gigi lachte wieder und schenkte ihm Wein nach.

In der Küche war Hochbetrieb. An den Arbeitsplatten wurde gehackt und geschnippelt, wurde Teig geknetet und Fleisch geklopft. Saucen wurden angerührt und nachgewürzt. Ein Blech mit Gebäck wurde aus dem Ofen gezogen. In den Pfannen spritzte heißes Öl, ein Hummer wurde im kochenden Wasser versenkt. Der Chefkoch ging von Herd zu Herd, prüfte, ließ noch eine Prise hinzugeben, lobte den Geschmack. Pries mit Blick auf Pierre wortreich die zubereiteten Speisen.

Angelo kam herein. Er eilte auf den Koch zu.

»Die Herrschaften aus Paris, mein Bester, sie werden heute Abend nicht im Restaurant dinieren, bedauerlicherweise, es tut mir leid, aber die Madame wünscht, dass ein leichtes Gericht auf dem Zimmer serviert wird. Eine Minestrone, ein gedünsteter Fisch, nichts Gebratenes, nichts Geschmortes, kein Dolce, auf keinen Fall! – Wo steckt der Chauffeur ...?«

Madame wartete im Halbdunkel. Sie wartete vor ihrer Zimmertür. Die Tür stand einen Spaltbreit offen. Schwaches Licht fiel auf den dunkelroten Teppichläufer.

Die Madame wartete ungeduldig.

Schließlich hörte sie das Räderwerk des Fahrstuhls. Das metallene Knirschen, das Schnurren. Sie hörte, dass er stoppte und das Kabinengitter aufgezogen wurde.

Es wurde hell.

Der Glitzerschein der Wandleuchten erstrahlte den Etagenflur. Ließ den Stuck an Wand und Decke, die Bahnen aus Blattgold glänzen.

Der Direktor stolzierte heran, im Arm einen Sektkübel, aus dem ein Flaschenhals ragte. Gefolgt von Gigi, der mit beiden Händen ein großes Tablett mit abgedeckten Schüsseln und Tellern trug.

»Gnädige Frau – Lucio, Lucio Toretta. Ich bin der Direktor des Hauses und möchte nicht versäumen, Ihnen persönlich meine Aufwartung zu machen. Wenn Sie gestatten ... Gigi, servier bitte den Herrschaften ... Madame ...?«

Die Madame rührte sich nicht von der Stelle.

»Danke«, sagte sie knapp. Sie streckte Gigi die Hände entgegen. »Geben Sie her ...«

»Madame, das ist ... Sie sollen sich wohlfühlen bei uns. Wir sind Ihnen jederzeit zu Diensten, bitte. Wenn ich das auch kurz dem Herrn Gemahl ...«

»Nein.«

»... versichern dürfte ... Nein?«

»Monsieur Durand empfängt niemanden mehr um diese Zeit.« Sie nahm Gigi das Tablett ab. »Danke.«

Sie schlängelte sich in ihr Zimmer. Ließ einen sprachlosen Hoteldirektor auf dem Flur zurück.

Es war Nacht. Eine südländische Frühsommernacht. Ein leichter Wind fächelte die Blätter der Palmen vor dem Hotel, vor dem beeindruckenden Palast in Marmor, Kristall und Gold. Im Foyer waren die Lichter gedimmt, in der Bar brachen die letzten Gäste auf, schwankende und sich gegenseitig stützende Zecher, der Keeper spülte schon die Gläser. Im Speiseraum wurden Tischdecken und Servietten gewechselt, die jungen Frauen und Männer vom Service steckten sich heimlich übrig gebliebenes Brot ein. Auf den Hotelfluren wurde es ruhig.

Durand saß mit untergeschlagenen Beinen aufrecht im Bett, ein großes Kissen im Rücken. Um sich herum mehrere aufgeschlagene Bücher, Notizzettel, Tabak, eine erloschene Pfeife. Tablettenröhrchen. Vor sich das Schachbrett.

Durand spielte Weiß, spielte die Sargfarbe seiner Mutter, spielte gegen Schwarz, gegen sich, gegen den eigenen Tod. Er eröffnete mit Bauer und Pferd, brachte den Läufer ins Spiel, blieb in der Offensive. Weiß dominierte. Aber Schwarz fand immer wieder Züge, um sich zu behaupten. Durand war hoch konzentriert. Er griff nach dem König, als er ein Geräusch vernahm. Ein Geräusch an der Zimmertür. Er ließ den schwarzen König auf seinem Feld, er horchte.

Es war nichts mehr zu hören. Oder doch? Ein Atemzug?

Vorsichtig stieg Durand aus dem Bett. Er schlich sich zur Tür. Drehte lautlos den Schlüssel im Schloss. Riss sie auf.

Vor ihm auf dem dunklen Flur wich Pierre erschrocken zurück, stammelte etwas Unverständliches.

»Was sagst du?«, fragte Durand mit leiser Stimme.

»Geht es ... geht es Ihnen gut, Monsieur? Ist bei Ihnen alles ... alles in Ordnung?«

Durand trat einen Schritt beiseite und machte eine einladende Geste.

»Komm herein. Es gibt noch einen Rest von diesem vorzüglichen heimischen Wein.«

MITTE JUNI

Madame kehrte nach vierzehn Tagen Aufenthalt im Grand Hotel am Montag, dem 19. Juni 1933, mit dem Nachtzug aus Genua nach Paris zurück, einem Monat, in dem in der Stadt die Anzahl der vor den Nazis geflohenen Exilanten – jüdische Familien, Geschäftsleute, Wissenschaftler und Künstler – mit etwa zwanzigtausend Menschen ihren vorläufigen Höhepunkt erreicht hatte. Auf dem Gare du Nord war entsprechend viel Betrieb. Anreisende und Weiterreisende, Deutsche und Österreicher, Polen und auch Russen. Ein Gedränge und Geschiebe. Ein babylonisches Sprachengewirr.

Madame fühlte sich unbehaglich. Sie war zum ersten Mal mit dem Zug gereist. Bahnhöfe waren ihr fremd. Sie stieß mit jemandem an, sah auf und erschrak bis ins Mark. Ließ ihre Reisetasche fallen, schlug die Hand vor den Mund.

Pierre! Pierre stand vor ihr.

Er lächelte entschuldigend, sagte irgendwas. Sie verstand es nicht. Aber sie erkannte jetzt, dass es gar nicht Pierre war. Ihm jedoch dermaßen ähnelte, dass sie noch immer wie erstarrt dastand. Erst als er sich bückte, um ihre Tasche aufzuheben, reagierte sie.

Sie fauchte den jungen Mann an, riss die Tasche an sich und kämpfte sich durch die Menschenmenge, drängte sich zum Ausgang durch. Sie achtete nicht auf den Straßenverkehr, hastete zu dem gegenüberliegenden Bistro.

Pierre! Den Monsieur zweifellos schon auf seine Seite gebracht hatte. Mein Gott! Er hätte ihr tatsächlich unbemerkt folgen können. Um zu kontrollieren, ob sie seine Aufträge auch wirklich erledigte. Oder sich vergnügte, sich mit wem auch immer heimlich traf und wieder ihrem früheren Gewerbe nachging. Aber das war absurd, in mehrfacher Hinsicht unvorstellbar. Wie kam ihr so etwas nur in den Sinn?

Sie klammerte sich am Tresen fest, bestellte einen Roten und bat den Wirt um eine Zigarette. Sie trank und rauchte, ignorierte die neugierigen Blicke, bestellte noch ein Glas. Ihr Herzschlag normalisierte sich allmählich.

Sie fragte den Wirt nach einem Wagen.

Zur etwa gleichen Zeit betrat Gigi im Grand Hotel et Des Palmes in Palermo das Zimmer 224. Beim Anblick dessen, was sich ihm darbot, ließ er vor Schreck das silberne Frühstückstablett fallen. Scheppernd fiel es zu Boden. Gigi war für einen Moment erstarrt, fing sich aber dann wieder und fluchte.

In dem Zimmer sah es wüst aus. Der Sekretär war umgestürzt, auf dem Boden zersplitterte Flaschen, getragene Kleidung und Papiere, eng beschriebene Seiten, Zeichnungen.

Neben dem Bett lag leblos der Franzose.

Weißes Nachthemd, schwarze Strümpfe.

Wirres Haar und sprießender Bart.

Er lag auf dem Rücken, die Arme ausgebreitet. Wie ans Kreuz genagelt.

Aus seinem linken Handgelenk rann Blut.

Pierre kniete bei ihm, ein Rasiermesser in der Hand.

»Ein Arzt«, rief er nach einem kurzen Blick auf Gigi. »Ruf einen Arzt, Gigi! Ich versuche, das Blut zu stoppen.« Er fetzte mit dem Messer einen breiten Streifen vom Bettlaken ab.

Gigi zögerte noch. Schritt für Schritt ging er rückwärts auf den Flur, bevor er dann losrannte.

»Beeil dich!«, rief Pierre ihm nach.

Dottore Mattei erschien mit offen stehendem Hemd und zerknitterter Hose, die Träger hingen an den Seiten herab. Er trug keine Strümpfe. Aber er war von einer gewissen Autorität, wirkte einschüchternd mit seiner Arzttasche und dem stechenden Blick. Er schickte die inzwischen im Zimmer 224 versammelten Personen hinaus. Den Hoteldirektor, den Empfangschef, die Zimmermädchen.

Pierre war schon auf dem Flur.

Gigi zupfte ihn am Ärmel.

»Hat er was gesagt?«, wollte er wissen.

»Monsieur Durand? – Nein, er hat mich gestern Abend beauftragt, ihn um zehn zu wecken.«

»Er hat auch sein Frühstück für zehn Uhr bestellt.«

Pierre blickte düster, hatte die Augenbrauen zusammengezogen, als würde er angestrengt nachdenken. Die Zimmermädchen tuschelten miteinander, warfen fragende Blicke auf ihn.

Es dauerte eine gute halbe Stunde, bis der Dottore wieder auf dem Gang erschien.

»Lucio«, sagte er zu dem Hoteldirektor, »wir müssen reden.«

Lucio Toretta betrat mit dem Dottore die Hotelbar. In ihr war es dämmrig und kühl. Toretta klatschte in die Hände und rief nach dem Service, bestellte Espresso und Wasser. Der Dottore setzte sich mit ihm in eine der Nischen. Er entzündete einen Zigarillo und wartete, bis der Kaffee serviert worden war. Ernst sah er den Hoteldirektor an.

»Lucio«, sagte er, »du hast einen Gast, der dir noch Probleme bereiten wird.«

»Mein Gott! Was ist mit ihm?«

»Er ist zu sich gekommen und hat mir antworten können. Er sagt, er habe sich rasieren wollen und sei dabei gestürzt. In dem Zimmer aber, du wirst es gesehen haben, sieht es aus, als hätte darin ein Rasender gewütet. Da hat ein Kampf stattgefunden, davon gehe ich aus.«

»Ein Kampf?! Mein Gott!« Lucio wischte sich den Schweiß von der Stirn, nahm einen Schluck von seinem Espresso.

»Ich habe seine Wunde versorgt«, sagte der Dottore. »Ein kleiner Schnitt am Handgelenk, nicht weiter beunruhigend. Aber dass er sich das selbst zugefügt hat, da bin ich eher skeptisch. – Wer ist in seiner Begleitung?«

»Eine Dame. Die Madame. Sie sei ihm freundschaftlich verbunden, eheähnlich, gab sie an. Gerade ist sie zurück nach Paris, um irgendwas zu regeln, hörte ich von Angelo.«

»Angelo – ja. Er war da im Zimmer mit dir zusammen.«

»Er hat mich informiert.«

»*Er* hat euern Gast in diesem Zustand vorgefunden?«

»Das war Gigi. Gigi wollte das Frühstück servieren.«

»Lucio.« Der Dottore hob die Hand. »Lucio, dass du Angelo immer noch in einer so verantwortungsvollen Position belässt, finde ich bedenklich. Sehr bedenklich. Du weißt von seinen engen Beziehungen zu den *Freunden*.«

»Sicher – ja. Er lässt sie in der Halle ihren Kaffee trinken. Sie plaudern. Wem schadet es? Es sind Gäste wie alle anderen auch.«

»Du weißt von ihren Machenschaften?«

»Ich bin wie du hier geboren, und ich weiß, dass sie einen gewissen Einfluss haben. Jedenfalls solange der Duce nicht härter durchgreift. Aber das ... das ist Politik, Dottore. Was hat das mit unserem Gast zu tun?«

»Der Mann hat im Bad Unmengen an Medikamenten gehortet. Schmerz- und Schlafmittel jeglicher Art, sehr starke Mittel – Drogen. Drogen, Lucio. Das weckt Begehrlichkeiten, das lässt sich zu Geld machen. Möglicherweise ist Angelo dabei überrascht worden, wie er ...«

»Sag es nicht, das will ich nicht einmal denken ... «

»Angelo ist diesen Mafiosi gefällig. Er will in ihren Kreis aufgenommen werden.«

Pierre half Gigi beim Aufräumen des Zimmers. Sie bemühten sich, keinen Lärm dabei zu machen. Sie arbeiteten schnell und effektiv. Pierre dankte Gigi und schickte ihn weg.

Durand lag regungslos auf dem Bett, sein Atem ging flach.

Pierre betrachtete ihn. Das weiche Gesicht, die glatte Stirn.

Die Bartstoppeln und das nicht frisierte Haar gaben ihm etwas Verwegenes. Aber das war Monsieur nicht. Vielleicht war er es einmal gewesen.

Pierre ging zur Balkontür, zog die Vorhänge zur Seite. Durand regte sich. Wollte sich im Bett aufrichten, war zu schwach. Pierre setzte sich zu ihm.

Er sah ihn betrübt an.

»Monsieur«, sagte er, »Monsieur, warum haben Sie das getan?«

Durand antwortete nicht. Sein Blick ging ins Leere. Pierre nahm seine Hände, drückte sie leicht. Durand lächelte.

Er lächelte ein verlegenes, ein schiefes Lächeln.

»Tu mir einen Gefallen«, sagte er. »Rasier mich bitte und frisier mein Haar. Ich muss furchtbar aussehen. – Hast du das schon einmal gemacht?«

»Nein«, gestand Pierre. »Aber ich kann Bescheid sagen.«

»Ich wünsche mir, dass du es versuchst. Im Bad ist alles, was man dazu braucht. Und schenk mir ein Glas Wasser ein – bitte. Mir ist, als sei ich tagelang unterwegs gewesen. In öden Landschaften, vom Sturm gepeitscht! Ich habe mich gegen unzählige berittene Krieger zur Wehr setzen müssen. – Welchen Tag haben wir? Ist die Madame schon zurück?«

Es war gegen Mittag des nächsten Tages, als Madame in Paris die prächtige Villa am Boulevard Wallace betrat. Sie musste nicht lange warten, bis sie von einer Bediensteten in den Salon geleitet wurde.

Durands Neffe begrüßte sie. Er war Monsieurs einziger noch lebender Verwandter, ein schlanker Mann Ende zwanzig mit scharf rasierten Koteletten. Er trug einen blassroten Morgenmantel mit schwarzem Samtkragen.

Der Neffe hatte offenbar gerade gefrühstückt. Auf dem Esstisch standen noch das Kaffeegeschirr, Konfitüre und Croissants. Madame reichte ihm ein versiegeltes Kuvert.

Der Neffe ließ sie Platz nehmen.

Er bot ihr nichts an.

Er brach das Siegel, las das Schreiben, las es noch einmal und legte es dann nachdenklich aus der Hand.

»Palermo«, sagte er. »Sie kommen direkt von dort?«

»Auf Wunsch Ihres Onkels.«

»Wie geht es ihm?«

»Er genießt das angenehme Wetter.«

»So, so – und wie verbringt er seine Zeit?«

»Wie ich es von ihm kenne. Er liest viel, er äußert kühne Gedanken. Ständig notiert er irgendwas.«

»Kühne Gedanken – betrifft das auch die Umstände dieser Reise?«

»Entschuldigen Sie …«

»Ich meine, den Anlass, gnädige Frau. Es ist noch nicht allzu lange her, dass ich mit ihm über eine Kur gesprochen habe. Ich habe ihm eine Klinik in der Schweiz empfohlen.«

»Davon ist mir nichts bekannt.«

»Aber doch wohl von seinen Zusammenbrüchen …«

»Das war ein Schwächeanfall nach der anstrengenden Reise mit diesem … mit seinem Automobil. Das ist fast ein Jahr her.«

Der Neffe schüttelte unwillig den Kopf. Er klopfte mit den Fingerspitzen auf das Schreiben.

»Ist Ihnen der Inhalt dieses Briefes bekannt?«

»Nein«, sagte die Madame. Sie sagte es knapp und hart, reckte das Kinn.

»Wie Sie sicher wissen«, sagte der Neffe, »verwalte ich das Vermögen meines Onkels.«

»Geht es um Geld?«

»Mein Onkel wünscht, dass ich einiges für ihn regele.«

»Ja ...?«

Der Neffe machte spitze Lippen. Er lehnte sich auf seinem Stuhl zurück und fixierte die Madame.

»Personalangelegenheiten. Mein Onkel wünscht, dass ich die noch für ihn tätigen Bediensteten großzügig abfinde. Dem kann ich nachkommen. Es ist noch einiges an Geldern verfügbar – trotz dieser unsinnigen Ausgaben für sein *großartiges Wohnmobil* und der allgemeinen Wirtschaftskrise.«

»Davon verstehe ich nichts.«

»Was mich allerdings irritiert«, sagte der Neffe, »ist, dass ich Ihnen für den Hotelaufenthalt in Palermo einen recht erheblichen Betrag mitgeben soll.«

»Wenn er das schreibt ...«

»Es klingt, als ob er dort noch eine längere Zeit bleiben möchte. Das ... nun das überrascht mich.« Er atmete tief durch und rief nach seiner Bediensteten: »Kaffee, bitte! Und melden Sie mich bei der Bank an. – Gnädige Frau, ich füge mich natürlich den Anweisungen meines Onkels. Aber ich werde Ihnen ein paar Zeilen an ihn mitgeben.«

Der Neffe betrat am späten Abend das Lokal an der Place Pigalle. Es war nicht weit entfernt von dem Hotel, in dem sein Onkel zuletzt gewohnt hatte. Um sich zu ordnen, hatte er gesagt. Was immer er damit auch gemeint hatte.

Ein Mann am Klavier klimperte eine sentimentale Melodie. Der Neffe hielt Ausschau nach Serge und entdeckte ihn an einem Tisch in der Ecke.

Der ehemalige Legionär saß in einer Spielerrunde. Als er den Neffen bemerkte, gab er ihm ein Zeichen, gleich für ihn da zu sein. Es dauerte nicht lange, bis er die Karten aus der Hand legte.

Serge war ein nicht allzu großer, muskulöser Mann mit kantigem Gesicht und kurz geschorenem Haar. Er trug groben Stoff, eine ausgemusterte Militärjacke und knöchelhohe Schnürschuhe. Er nahm die Zigarette nicht von den Lippen, setzte sich breitbeinig.

Der Neffe bestellte Pastis. Kam gleich zur Sache.

Er erzählte Serge vom Besuch der Madame. Von dem Schreiben. Den Anweisungen.

»Du kannst unbesorgt sein, Serge, die Kündigung betrifft dich nicht, in keiner Weise. Im Gegenteil, ich möchte dich bitten, einen Auftrag zu übernehmen.« Er nahm einen Schluck. »Mein Onkel schreibt, und es ist zweifellos seine Schrift, dass ich der Madame 25.000 Francs übergeben soll.«

»Bah!«, machte Serge mit deutlichem Abscheu. Mehr nicht.

»Angeblich für seinen Hotelaufenthalt. – Ich hab dabei kein gutes Gefühl, Serge. Ich bitte dich, nach Palermo zu reisen und meinen Onkel vor – ja, vor irgendwelchen Betrügereien oder gar noch Schlimmerem zu bewahren. Du hast immer mit ihm reden können.« Er zog einen prall gefüllten Umschlag hervor, schob ihn Serge hin. »Das sollte für die Reisekosten und deine Bemühungen reichen. Fahr, sobald es dir möglich ist. Die Madame wird noch einige Tage hier ausharren müssen. Die 25.000 kann ich ihr nicht so schnell beschaffen.«

AUFENTHALTE

Serge war einer der Ersten, die in den verspätet eingefahrenen Zug einstiegen. Er fand gleich im ersten Wagen ein noch nicht voll besetztes Abteil. Fünf, sechs Personen, ein kleines Mädchen. Angespannte, müde Gesichter. In die Gepäcknetze waren Koffer, Taschen und Beutel gestopft, Wolldecken und Kleidungsstücke. Die Leute rückten ein wenig enger zusammen, machten Serge Platz.

Er dankte. Er schob seinen Tornister unter den Sitz, knöpfte die Joppe auf. Auf dem Gang drängten sich immer noch Reisende vorbei. Es war laut, es wurde gestritten, es wurde geflucht. Schließlich ruckte der Zug an.

Der Zug in den Süden. Über Nacht nach Lyon und weiter nach Genua. Die Lok nahm mehr und mehr an Fahrt auf, ließ die Lichter der Stadt hinter sich. Serge lehnte sich zurück, streckte die Beine aus. Er trug, was er immer trug, an seinen linken Unterarm war das Futteral mit dem zweischneidigen Dolch geschnallt. Auf seinen rechten Oberarm hatte er das Zeichen der Legion tätowieren lassen, die siebenflammige Granate.

Serge dachte an Monsieur. An die Reisen mit ihm. Reisen zu Orten, die Monsieur dann doch nicht sehen wollte. Um das Bild, das er davon hatte, nicht zu beschädigen. Serge hatte das nicht verstanden. Als er es dann einmal ansprach, hatte Monsieur ihm von Indien erzählt. Wie er an Bord eines Schiffes durch das Fernrohr auf die Küste des Landes geblickt und verkündet hatte: Ich habe Indien gesehen, segeln wir weiter. Serge hatte es für einen Scherz gehalten, aber Monsieur hatte ihm erklärt: Der Mensch ist das Produkt seiner Vorstellung.

So war er, der Monsieur.

Mit der Madame war er nie zurechtgekommen. Sie war selbstsüchtig und gemein. Ein hinterhältiges Weibsstück. Serge verfluchte sie – bah!

»Bist du böse?«, hörte er neben sich das Mädchen. Er war sich nicht bewusst, laut gesprochen zu haben, blickte die Kleine an.

»Hab ich was gesagt?«

»Du machst so ein Gesicht.«

Serge lächelte zu ihrer Mutter, Tante oder sonst wem hin. Eine hübsche Frau, gut gekleidet. Sie hatte die Hände im Schoß gefaltet, schien eingenickt zu sein.

»Mir sind die Augen zugefallen«, sagte er. »Ich bin ein alter Mann.« Er lachte ein leises Lachen. »Ich habe wilde Tiere gesehen.«

»Haben sie dir wehgetan?«

»Bah – ich hab mich gewehrt. Aber das ist lange her. Das war in einem anderen Land.«

»Fährst du jetzt dahin?«

»Nein, aber ich werde noch einige Zeit unterwegs sein«, sagte er. Er warf einen Blick in die Runde. »Wir sollten jetzt auch schlafen.«

Das Mädchen nickte. Serge schloss die Augen. Und der Zug rollte, rollte, rollte durch die stockfinstere Nacht.

»... halten Sie Ihre Pässe und Billetts bereit! Wir erreichen in Kürze die Grenze ...«

Serge schreckte hoch. Überrascht bemerkte er, dass er mit einem älteren Mann allein im Abteil war.

»Die Grenze?«

»Sie wollten in Lyon aussteigen? Da sind wir vorbei.«

»Nein, aber ...« Serge bückte sich, um seinen Tornister unter dem Sitz hervorzuziehen. Er war weg. Er war verschwunden. Er war ...

»Mein Tornister, verdammt?!«

»Der Ranzen? Der gehörte nicht dem Mädchen?«, fragte der Mann und schüttelte den Kopf. »Ihre Mutter hat ihn ihr umgehängt. Sie sind schon eine Station vor Lyon ausgestiegen.«

Serge fluchte. Er schlug mit der Faust in die Luft. Er schrie, er schrie ...

»Meine Papiere!«, schrie er. »Die Papiere! Das Geld! Das Geld, verdammt! Wo, wo ist die Kleine raus ...?!«

Pierre hatte den Peugeot schon vorgefahren und geparkt. Er lief hoch auf die zweite Etage des Hotels.

Durand stand bereit.

Heller Anzug aus feinstem Leinen. Ein mauvefarbenes Seidenhemd mit offenem Kragen, den Panama auf dem Haupt. Er war glatt rasiert und hatte eine Sonnenbrille mit runden Gläsern aufgesetzt. Er stützte sich auf seinen Gehstock.

Eine beeindruckende Erscheinung.

Pierre nahm unwillkürlich Haltung an.

Durand hakte sich bei ihm ein, lächelte ihm zu. Sie fuhren mit dem Fahrstuhl nach unten.

Wandtapeten mit breiten Bahnen aus Blattgold.

Rankende Pflanzen. Sattes Grün. Frisch.

In einem Marmorbecken ein Wasserspiel.

Die Bodenfliesen spiegelblank.

Und kühl war es in der Halle, angenehm kühl. Durand fiel das Gehen leicht. Angelo kam hinter seinem Pult hervor. Er verbeugte sich vor Durand ...

»Monsieur ...«

»Die Anzahlung – natürlich!« Durand legte die Hand aufs Herz. »Verzeihen Sie. Das Geld ist unterwegs. Madame ...«

»Aber Monsieur, Monsieur, ich bitte Sie ...«

»Madame wird das bei ihrer Rückkehr sofort erledigen.«

»Monsieur – nichts liegt mir ferner, als Sie zu drängen, nein, nein! Sie bleiben doch noch einige Zeit ...?«

»Davon gehe ich aus.«

»Monsieur, dann ... dann erlaube ich mir, Ihnen zu übermitteln, dass eine einflussreiche Person unserer Stadt zutiefst geehrt wäre, gemeinsam mit Ihnen zu speisen.«

»Ein Dinner?«

»Im kleinen Salon, Sie sind unter sich.«

Durand fasste für Pierre zusammen.

»Ich möchte, dass du dabei bist. Keine Bescheidenheit, bitte. Du musst dich auch nicht bemühen, an einem Gespräch teilzunehmen.«

»Ich verstehe schon eine ganze Menge«, sagte Pierre. »Gigi bringt es mir bei. Italien gefällt mir.«

»Dann soll es so sein«, sagte Durand und wandte sich wieder dem Empfangschef zu.

Pierre fuhr ins Zentrum der Stadt, fuhr auf die Kreuzung zu. Quattro Canti. Lebhafter Verkehr.

Prachtvolle Eckhäuser. Säulen am Eingang. Schmiedeeiserne Balkons. Durch die Torbögen der Blick auf Statuen und Gärten ...

... Hallen mit reicher Mosaikverkleidung sah Durand vor sich, Bilder aus vergangener Zeit, Erinnerungen ... beim Eintritt mit Rosenwasser besprengt, Rosenwasser auf die in Ehrfurcht geneigten Häupter, in den Räucherpfannen verglühte kostbares Holz ... würziger Rauch ... das Blubbern der Wasserpfeife und die Trommeln auf dem Platz der Gehängten, das schrille Pfeifen ... der Geruch von Gebratenem, von Fisch und Fleisch ... ein Äffchen mit Glöckchen schlug zwischen den Tischen Purzelbaum ... auf Teppichen ausgebreitet Kochgeschirr, Tabakdosen und Gebisse, Schuhcreme ... die Männer gingen zum allabendlichen Gebet ...

»Marokko«, sagte Durand zu sich, »die Araber, ihre Kultur, ihr Geist durchzieht diese Gemäuer.«

Pierre warf ihm einen Blick von der Seite zu. Durand dirigierte mit geschlossenen Augen eine imaginäre Melodie ... tief unten ruhte die Stadt ... er lauschte dem Gesang der Gläubigen, durcheilte die fliehenden Fernen der Berge, der Ebenen ... zog weiter ... zog weiter, durch die Wüste, durch Savannen, über Gebirge und Meere, von Ort zu Ort, von Kontinent zu Kontinent ...

»... bis zum Überdruss.«

»Ja? Bitte?«, sagte Pierre und schaltete den Gang herunter. »Haben Sie einen Wunsch?«

Er stieg hinab in die Katakomben.

Es war kühl, der Boden uneben. Staubig. Er folgte dem Mönch in einen der Gänge. Der Mönch war von kleinem Wuchs. Er trug Sandalen. Er redete und redete mit krächzender Stimme. Er hustete. Das flackernde Licht seiner Öllampe fiel auf die an den Wänden stehenden und in Nischen liegenden mumifizierten Körper. Körper von Männern, von alten und weniger alten. Aufgereiht, dicht nebeneinander.

Der Mönch erklärte.

Es waren Prediger und Priester, Generäle und Richter, Ärzte und Adlige, Handwerker, Landbesitzer, Familienväter. Hundert und mehr, sehr viel mehr, in diesen schmalen Gängen tief unter dem Hochaltar des alten Kapuzinerklosters. Mit Jacken und Mänteln behängt, mit Hemden und weiten

Hosen, Roben und Kutten, Uniformen, mit bestickten Gewändern. Oft nur noch Stofffetzen einer einst edlen Kleidung aus Samt und Seide, getragen vor Jahrzehnten, vor Jahren erst.

Die Toten, all diese Toten.

Kahle Schädel. Schädel mit Bruchstellen. Mit Haarsträhnen, schwarz gelackt. Wie aufgeklebt. Haarbüschel, grau geascht. Erloschene Glut.

Leere Augenhöhlen, geöffnete Münder.

Klaffende Zahnlücken. Bedrohlich. Furchterregend.

Er glaubte, dass sie allein ihm zugewandt waren. Er glaubte, dass rasselnder Atem ihm entgegenschlug.

Die Toten, all diese Toten.

Ihr Leben, ihre Geschichte in Palästen und ärmlichen Hütten. Auf den Landgütern und vor Gericht. Prunkvolle Feste und Empfänge. Hochzeiten, Geburten, Familienfehden.

Er glaubte, ein Wispern zu hören, ein anschwellendes Jammern, ein Stöhnen, qualvolles Schreien.

Die Toten, diese Toten. All diese Toten.

Sprachen sie? Sprachen sie zu ihm?

Was wollten sie? Was wollten sie ihm sagen?

Die Toten, all diese Toten.

Er musste stehen bleiben. Sein Herz raste, beschleunigt von der Dosis, die er am Morgen zu sich genommen hatte. Mit zitternder Hand stützte er sich auf seinen Gehstock, die Finger umklammerten den vergoldeten Knauf. Der hohe Hemdkragen wurde ihm eng. Er rang nach Luft.

Diese grauenerregenden Gestalten. Gespenster der Vergangenheit. Ihm war, als streckten sie die Knochenhand nach ihm aus.

Die Toten, all diese Toten.

Waren sie denn tot? Waren sie es wirklich?!

Er wich zurück.

Es durchzuckte ihn wie ein Blitz. So nicht. So wollte er nicht enden. Nicht in einer solchen Ungewissheit, aufgestellt, ausgestellt in einer modrigen Gruft. Nicht erlöst.

Nein! Nein. Das durfte nicht geschehen. Das durfte nicht sein. Das musste er verfügen als seinen Letzten Willen. Verfügen, dass ihm nach seinem Tode ein langer Einschnitt in eine Ader am Handgelenk gemacht wird, um die Gewissheit zu haben, dass er wirklich tot war. Ein paar Zeilen, nur ein paar Zeilen, sicher hinterlegt bei einem Vertrauten. Bei seinem Neffen.

Er hatte genug gesehen.

Er hörte nicht mehr auf die Rufe des ihn weiter winkenden Mönchs. Wendete sich ab.

Er hastete zum Ausgang.

Zurück ins Licht des Tages.

»Nimm die kleinen Straßen, durch das alte Viertel. Lass uns das Leben sehen! Es war nicht schön da unten.« Er ließ jetzt den Arm am Schlag hinaushängen. »Aber es musste sein. Man muss sich vor Augen halten, wie alles endet.«

Auf dem Gehsteig eilten Frauen in langen Gewändern an Geschäften vorbei. Haushaltswaren,

Porzellan, Schuhe und Stoffe. Sie trugen Körbe mit Gemüse und Früchten. Im Straßencafé am Eck hockten Männer beim Kaffee und dem ersten Wein des Tages. In den schmalen Gassen hing zwischen den Häusern die Wäsche zum Trocknen, Kinder hüpften über das Pflaster. Klatschten in die Hände. Zählten ab.

Kinderreime.

Unbekümmertes Kinderlachen.

… er lief den Hügel hinunter zum Meer, das sich in feinem Glimmer wiegte, entlang den Gebilden, aus der Dünung geboren … das Meer, die Sehnsucht nach der Ferne, woher kam sie? Wer hatte sie geweckt? Er war doch glücklich gewesen in jenen Tagen. Jung und kraftvoll …

Durand wischte sich über die Augen, plinkerte ins Sonnenlicht. Pierre stoppte am Ende einer winkligen Gasse.

Unter einem von Mauerwerk und Balken gestützten Balkon standen ein paar einfache Tische und Stühle. Im Kamin ein offenes Feuer. Ein junger Mann mit scharf geschnittenen Zügen winkte Durand und Pierre zu sich heran.

Er wies ihnen einen Tisch zu.

Mehrere kleine Schüsseln wurden ihnen hingestellt. Oliven, Anchovis und Kapern. Öl und Brot, grobkörniges Salz.

Es gab kühlen, golden funkelnden Wein.

Durand sprach mit dem Mann. Er nickte, klatschte in die Hände. Eine ältere Frau begann, mit Töpfen und Pfannen zu hantieren.

»Sie bereiten uns Seeigel zu«, erklärte Durand. »Eine Spezialität.« Er streckte behaglich die Beine aus. Blickte auf das von Bergen umrahmte kristallblaue Meer vor ihnen.

Später saßen sie nebeneinander auf einer Bank am Meer, gesättigt und vom Wein beseelt. Die Wellen schlugen an das felsige Ufer. Ein Fischer besserte seine Netze aus. Ein nur mit einer kurzen Hose bekleideter Junge half ihm dabei. Er hatte einen makellosen, muskulösen Körper und schwarzes, bis tief in den Nacken reichendes Haar. Er arbeitete flink. Durands Blick folgte ihm, als er zu dem auf der Seite liegenden Boot ging und irgendwas hervorkramte.

Pierre räusperte sich.

»Monsieur«, sagte er, »darf ich Sie was fragen?«

»Hab keine Scheu.«

Pierre räusperte sich noch einmal.

»Warum?«, fragte er, »warum sind wir eigentlich hier? Warum diese lange Reise in eine Stadt, von der Sie dann gar nichts sehen wollten, also die ganze Zeit über nicht, und heute ... heute doch nur, weil ich Sie ... weil ich Sie gedrängt habe. Weil es Ihnen nicht guttut, immer nur im Zimmer zu sitzen und zu grübeln.«

Durand lachte ein leises Lachen.

»Entschuldige«, sagte er. »Ich lach dich nicht aus. – Ja, warum? Warum Palermo?« Er sann seiner Frage nach und sagte dann: »Weißt du, man verehrt hier eine Frau – Rosalia, eine Jungfrau. Sie hat sich früh vom alltäglichen Leben zurückgezogen und bis zu ihrem Tod in einer abgelegenen Berghöhle gelebt, ganz allein. Allein mit sich. In Zwiesprache mit Gott. Glaubst du an Gott, Pierre?«

»Ich ... nein, ich denke ... Jesus, der hat wohl gelebt, ja, aber Gott ...«

»Es ist des Menschen Geist, Pierre, der ist uns gegeben, jedem von uns. Die Jungfrau Rosalia hat aus ihm die Kraft gehabt, das Übel der Welt von sich fernzuhalten. Man feiert sie jedes Jahr aufs Neue, auch als Schutzherrin der Stadt. Bald ist es wieder so weit.«

»Deshalb sind wir hier ...?«

»Ich fühle mich dieser Heiligen sehr nahe. Ich erhoffe mir von Angesicht zu Angesicht mit ihr eine Art Heilung. Das Fest zu ihren Ehren soll auch mein Fest sein.«

»Und bis dahin schließen Sie sich ein und ... Monsieur, ich denke an die langen Nächte, in denen in Ihrem Zimmer das Licht brennt, an die vielen Tabletten ...«

»Pierre – Pierre«, stoppte Durand ihn. »Die Tabletten – ja, damit wird es dann auch ein Ende haben. Mir ging es in letzter Zeit nicht gut. Ich habe meinem Körper über Jahre hinweg zu viel zugemutet. Die anstrengenden Reisen, Krankheiten, das ... das Essen.« Er lachte wieder sein verhaltenes Lachen. »Ich habe gefressen. Ich habe eine Zeit lang alle Mahlzeiten des Tages zusammengelegt. Früchte, Kaffee, Croissants, Marmeladen und Käse und gleich anschließend den Lunch und das Dinner, gebratene Wachteln, Nudeln, Wild und ein Sorbet, Hirn und Entenleber – alles an einem Vormittag, ich habe es genossen ...«

»Nein ...!«

»Ich habe es mit Lust und Freude verspeist, aber ... Pierre, ich sah aus wie ein Monster, traute mich nicht mehr aus dem Haus.«

»Das glaub ich Ihnen aufs Wort, ich meine ...«

»Ich musste mich dann auch wieder bestrafen«, sagte Durand und seine Augen verschatteten sich. »Das ist dann leider so.« Er legte einen Arm um Pierres Schultern, lehnte den Kopf an ihn.

Madame verließ die Villa des Neffen um kurz nach elf. Ihre Begegnung hatte sich auf die Übergabe eines schmalen Päckchens beschränkt. Madame klemmte es sich zusammen mit ihrer Handtasche unter den Arm. Sie ging einen Block weiter zu einem Straßencafé und setzte sich an einen der Tische unter der blau-weiß-roten Markise.

Vive la France!

Madame bestellte ein petit-déjeuner, ein Glas Champagner. Sie trank ihn genüsslich. Sie war sehr mit sich zufrieden. Sie wartete noch, bis der Garçon sich wieder zurückgezogen hatte, und schnürte dann das Päckchen auf. Es enthielt einen Umschlag mit den gewünschten 25.000 Francs in großen Scheinen und ein kleines Kuvert.

Madame öffnete es.

Auf der Karte standen nur wenige Worte.

... nach Deinen Wünschen geregelt, überdenke aber bitte noch einmal die Leibrente für Deine Gefährtin ...

Madame lächelte ein dünnes Lächeln.

Ohne Hast zerriss sie die Karte und legte die Schnipsel in den Pernod-Ascher. Sie lehnte sich zurück, hielt ihr Gesicht in die Sonne. So saß sie da an einem sonnigen Tag in Paris, eine Frau mit Geld.

Das gefiel ihr.

Später machte sie sich dann auf den Weg zum Schneider und zum Friseur. Ihr letzter Besuch war bei einem offiziell nicht mehr praktizierenden Arzt. Er händigte ihr eine Packung Tabletten und eine Tinktur aus. Sie zahlte mit einem der Tausend-Francs-Scheine.

FREUNDE

Abends im Kleinen Salon. Auch als der Rote Salon bezeichnet. Tizianrot. Speziellen Gästen vorbehalten, maximal sechs Personen an einem ovalen Esstisch. Die Wände mit rotseidenem Stoff tapeziert, Ton in Ton mit den Vorhängen, dem Polster der Stühle, dem Teppich.

Durand und Pierre saßen mit Guido Butera und seinem Schwager Nino Manzella zusammen. Der größte Olivenöl-Produzent und -Exporteur Siziliens und sein in New York tätiger Partner. Angelo hatte sie einander vorgestellt, als Aperitif Champagner servieren lassen und die Runde dann sich selbst überlassen.

Butera liebte sein Land. Sprach von der Geschichte, der Tradition und der Kultur. Er schwärmte von der Oper, dem Teatro Massimo, von den fantastischen Stimmen, von Giacomo Volpi, dem anbetungswürdigen Tenor! Grandios! Ein Fixstern! Er schaute zum Deckenleuchter hoch, dem funkelnden Kristall.

Butera war ein hochgewachsener Mann mit grau meliertem Haar und klassischem Profil, mit englischem Tuch gekleidet. Eloquent.

Er gefiel sich sehr.

Nach der Vorspeise lenkte Manzella das Gespräch auf das Unternehmen. Er sprach von einem kontinuierlich ansteigenden Bedarf an dem sizilianischen Produkt. In Amerika, weltweit inzwischen. Er ließ durchblicken, dass hohe Gewinne erwirtschaftet wurden.

Eine Komposition aus Früchten des Meeres kam auf den Tisch. Krustentiere, Garnelen und Venusmuscheln. Dazu Spaghettini mit gehackten Tomaten, Knoblauch und Kapern.

Durand sprach von seiner Liebe zum Meer.

Pierre registrierte überrascht, dass Monsieur von Speisefolge zu Speisefolge lebhafter wurde, einige Male sogar schallend lachte. Er gab Anekdoten von seinen Reisen zum Besten.

Beim Kaffee hatten die Herren dann ein Bitte.

Man möge ihnen doch einmal die Besonderheiten des dem Duce vorgeführten Automobils erläutern.

»Man kann darin wohnen«, sagte Durand. »Es ist neun Meter lang und zweieinhalb Meter breit, es ist ein kleines Haus.« Er kostete den Dessertwein. »Köstlich. – Luxuriös«, sagte er. »Das Schlafzimmer lässt sich bei Tag mit wenigen Handgriffen zu einem Wohnzimmer oder Salon umgestalten. Ein Rot wie in diesem Separee wäre denkbar. Ich habe mich bei der Planung für eine orientalische Einrichtung entschieden. Meine Aufenthalte im Orient waren immer sehr angenehm. – Sagen Sie, könnte man Angelo bitten, eine Wasserpfeife und etwas Hanf zu beschaffen?«

Die Sizilianer wechselten einen amüsierten Blick. Manzella stand auf und entschuldigte sich für einen Moment. Er verließ den Raum.

Butera beugte sich zu Durand vor.

»Uns ist alles möglich«, sagte er. »Wir sind ein Kreis von Freunden, enger und ehrenwerter, als man es familiär ist. Aber erzählen Sie weiter, Durand. Sie waren beim Salon ...«

»Nun, das eigentlich Besondere ist der vordere Bereich, hinter dem Sitz des Fahrers. Der wird abends zu einem separaten Zimmer, wo es sich drei Personen gemütlich machen und sich waschen können.«

»Drei Personen! Und dazu noch Platz im Salon, das verstehe ich doch richtig?«

»Es gibt auch eine Sitzwanne, eine elektrische Heizung und einen Benzinofen.«

»Durand, das ist ... mir fehlen die Worte. Ich bin überwältigt.« Er schob den Dessertwein beiseite und angelte nach dem Roten. Pierre kam ihm zuvor. Er schenkte ein.

Sie hoben die Gläser.

Prosteten sich zu.

Tranken.

Butera kippte den schweren Wein in einem Zug herunter. Wischte sich über die Lippen.

»Durand«, sagte er, »dieses Fahrzeug, ich nehme mir die Freiheit, Sie das offen zu fragen: Dieses Fahrzeug, können Sie sich vorstellen, es auch zu verkaufen? Mir zu verkaufen.«

»Es ist in Paris.«

»Das wäre kein Problem. Ich zahle Ihnen jeden Preis.

Mir würden auch die Konstruktionspläne genügen und ich ... selbstverständlich nur mit Ihrer ausdrücklichen Genehmigung und unter Ihrem Namen ... Sie sind ein Genie, Durand!! Ein Genie!«

Der Neffe hatte umgehend reagiert. Am frühen Nachmittag des 27. Juni nahm der Kamerad das aus Paris telegrafisch angewiesene Geld in Empfang. Der Kamerad ähnelte in Statur und Haltung Serge, war in etwa auch in seinem Alter. Aber sein linker Unterschenkel war auf einem Marsch in Marokko von einer Granate zerfetzt worden. Er trug eine Prothese.

Der Kamerad verabschiedete den Geldboten und kam zurück in die Küche seines kleinen Hauses am Rand der Stadt.

Er gab Serge das Geld. Serge zählte ein paar Scheine ab. Er schob sie dem Kamerad zu. Der rührte sie nicht an, ließ sie auf dem Küchentisch liegen. Er rauchte seine Kippe herunter. Trank einen letzten Schluck Kaffee. Dann kümmerte er sich um Serges Verpflegung. Er schnitt einen Kanten Brot ab und stopfte ihn zusammen mit einer Salami in den Proviantbeutel.

»Tabak?«, fragte er.

Serge nickte dankend.

»Aber nimm das Geld«, sagte er. »Du hast viel für mich getan.«

»Du musst ohne deine Papiere weiter. Das Gaunerpärchen hält sich im Wald versteckt. Man kennt sie hier in der Gegend, aber noch hat sie niemand aufspüren können.«

»Wenn ich Zeit hätte – bah!« Serge schnaubte heftig.

»Ruh dich noch eine Weile aus. Wir fahren erst im Dunkeln zur Grenze. Ich zeig dir den Weg, auf dem du sicher bist. Es ist eine harte Strecke, geht über die Berge, aber wenn du stramm marschierst, kannst du noch vor Tagesanbruch in Turin sein.«

Er zögerte einen Moment, bevor er den schmalen Eckschrank öffnete. In ihm waren vier Gewehre aufgereiht, hingen mehrere Patronengurte, und in den Fächern lagen Granaten und einige Revolver. Der Kamerad nahm einen heraus und prüfte die Trommel. Serge aber winkte schon ab. Er ließ den Dolch aus seinem Ärmel herausschnellen, packte ihn mit der Rechten und ging in Kampfstellung.

»So ist es mir lieber«, sagte er.

Durand hatte eine unruhige Nacht. Er schwitzte. Er wechselte mehrere Male die Leibwäsche. Er stellte die Schachfiguren neu auf und kam nach einer simplen Eröffnung mit Weiß nicht weiter. Er starrte nur noch auf das Brett. Bauer, Läufer, Bauer, Springer. Die Felder hatten keine Konturen mehr.

Er nahm eine hohe Dosis Schlaftabletten, trank Wein dazu. Ihm wurde übel. Auf dem Weg ins Bad stolperte er, prallte mit dem Rücken an den Türrahmen. Er schrie, wie er noch nie geschrien hatte. Aus Wut und Verzweiflung. Er riss sich, was er noch trug, vom Leib und setzte sich nackt auf den Balkon. Er roch das nahe Meer, er spürte den leichten Wind, und allmählich atmete er ruhiger, schloss die Augen ... er irrte durch eine ihm unbekannte arabische Stadt, von Stadtteil zu Stadtteil, an Apotheken und Barbieren vorbei, er sah sich von weißen auf schwarze Felder springen, war zu seiner großen Überraschung unglaublich flink auf den Beinen ... der Jubel der Tischgesellschaft in der Villa am Meer ... der Ruf des Muezzin vom Minarett lenkte ihn mal in die eine, mal in eine andere Richtung ... ihm war, als laufe er im Kreis, dunkelhäutige Jungs versperrten ihm den Weg, hübsche Knaben, sie forderten Geld ... die Mutter zog ihn von ihnen weg ... er ließ sie allein ... er floh ... ein Ritt durch die Wüste im Gefolge eines türkischen Offiziers, eines stattlichen Mannes in stramm sitzender Reithose, eines Mannes mit stark ausgeprägter männlicher Energie ... sein Atem peitschte ihm wie heißer Wüstenwind ins Gesicht ... er errötete vor Scham, er bäumte sich auf ...

Ein neuer Tag brach an.

Jean-Paul Durand verließ während der nächsten Tage sein Zimmer nicht. Er orderte lediglich Wasser, Kaffee und Wein und sagte, dass er für niemanden zu sprechen sei. Pierre und auch Angelo versuchten es dennoch – vergebens.

SIZILIANISCHE ERÖFFNUNG

Serge stützte sich an der Reling der Genua-Palermo-Fähre ab. Er war erschöpft. Zwei ungemütliche Nächte im Freien, ein langer Marsch, eine Prügelei um ein paar lausige Eier und eine holprige Bahnfahrt auf der letzten Strecke lagen hinter ihm. Er war am Ende seiner Kräfte. Jeder Knochen tat ihm weh. Er musste nun wirklich akzeptieren, dass er alt geworden war, dass er alt war. Ausgemustert schon seit längerer Zeit.

Er atmete einige Male tief ein und aus, drehte sich eine Zigarette und nahm einen Zug. Unten auf dem Kai eilten die letzten Passagiere heran, mit und ohne Gepäck, allein und zu zweit.

Eine Droschke hielt an der Gangway. Eine Frau stieg aus. Der Fahrer reichte ihr eine große Reisetasche. Die Frau sah zur Fähre. Serge erkannte sie frühzeitig genug, um sich wegzuducken. Es war die Madame.

Serge fluchte. Er hätte damit rechnen müssen. Sein Vorsprung war dahin. Und jetzt musste er sich auch noch ein Versteck für die bestenfalls zwanzigstündige Überfahrt suchen. Die paar Kabinen waren schon belegt gewesen. Reserviert. Eine wahrscheinlich sogar von ihr, der Madame.

Serge dachte kurz daran, sie im Schlaf zu überraschen und ihr den Dolch in den Leib zu rammen. Er schüttelte den Gedanken sofort wieder ab. Sein Auftrag war, Durand zu schützen. Serge hielt nach der Treppe zum unteren Deck Ausschau, zum Maschinenraum.

Es war eng. Es war laut.

Die Luft war benzingeschwängert.

Das monotone Stampfen des Motors schickte Serge auf einen langen Marsch ohne Ziel. Er fand keinen Schlaf.

Er war früh auf den Beinen, hangelte sich an Deck. Es war noch stockdunkel, das Fährschiff kämpfte sich durch den hohen Wellengang. Palermo war noch weit weg. Serge überlegte, wo und wie er sich einen Schnaps besorgen konnte. Es wehte ein schneidend kalter Wind.

Pierre nutzte die frühen und noch nicht so heißen Morgenstunden, um auf dem Parkplatz hinter dem Hotel den Peugeot zu waschen und auch innen gründlich zu reinigen. Er hatte sein Hemd ausgezogen, arbeitete beidhändig mit Schwamm und Lappen, im Mundwinkel eine weit herunter gerauchte erloschene Zigarette.

Eine Hand legte sich auf seine Schulter. Er zuckte zusammen und sah sich Manzella gegenüber. Manzella trug ein weites, offen stehendes Hemd und Knickerbocker, auf dem Kopf eine Schirmmütze.

»Signore …«

»Nino«, sagte Manzella. »Für dich Nino. Wir haben gemeinsam gegessen, wir haben Wein getrunken, wir sind uns nicht fremd.«

»Ja, Signore … Signore Nino …«

»Wir machen uns Sorgen«, sagte Manzella. »Wir sorgen uns um dich und den Monsieur.«

»Sorgen …?«

»Wir hören nichts mehr von euch.«

»Monsieur ist … er ist … ich habe ihn selbst seit Tagen nicht sprechen können.«

»Es gibt ein Angebot, Pierre, du erinnerst dich, du warst dabei. Wir erwarten eine Antwort, mag sie so oder anders sein. Darüber kann man reden. Aber eine Antwort, Pierre, eine Antwort muss sein, bei allem Respekt.«

Pierre nickte heftig. Es war wärmer geworden, ihm war heiß. Der zunehmende Lärm auf der Straße, die vorbeifahrenden Automobile, die klappernden Hufe der Kutschpferde, der aufgewirbelte Staub wurden mit einem Mal unerträglich für ihn.

»Der Monsieur«, sagte er, »der Monsieur ist nicht gut zurecht. Er schirmt sich von allem ab.«

»Nicht gut zurecht? Was heißt das?«

»Ich glaube, es ist eine Folge seiner früheren Reisen. Er sprach einmal von Malaria oder etwas in der Art. Ein Fieber. Ich glaube, dass ein Arzt kommen soll.«

»Dieser Pfuscher, den sie im Hotel immer rufen?! – Die Heilige schütze ihn davor. Ich kümmere mich darum, wir wollen mit Monsieur ins Geschäft kommen.«

Die Fähre aus Genua legte gegen Mittag in Palermo an.

Die Madame verließ das Schiff. Sie reagierte nicht auf die einladenden Rufe der Kutscher, fasste ihre Reisetasche fester und ging zielstrebig in Richtung Altstadt. Man pfiff ihr nach.

Unbemerkt folgte ihr Serge.

In den schmalen Straßen und auf den kleinen Plätzen des Viertels hielt Madame immer wieder Ausschau nach Frauen, die schwatzend vor ihren Häusern hockten. Sie musterte sie, prüfte mit kritischem Blick den Zustand der aneinanderstehenden Gebäude, die Stockwerke und Balkons. Schließlich entschied sie sich. Lächelnd wandte sie sich an eine ihr sympathisch erscheinende Frau.

Das Zimmer im ersten Stock des Hauses war geräumig und hell, ausgestattet mit einem Bett, Schrank und Kommode. Am Fenster ein Stuhl.

»Bis zu dem Fest ist es aber noch eine Zeit hin«, sagte die ganz in Schwarz und mit Kopftuch bekleidete Frau. Sie war übergewichtig und atmete schwer.

»Ja«, sagte Madame, »aber ich hatte Angst, dass man dann kein freies Zimmer mehr bekommt. Und ich möchte vorher noch viel von der Stadt sehen, vielleicht auch einmal über Nacht in die Badeorte fahren. – Kann ich schon für alle Tage zahlen?«

Angelo schaute hinter seinem Empfangspult auf, zauberte ein breites Lächeln auf sein Gesicht und deutete eine Verbeugung an.

»Madame, welch eine Freude! Sie sind zurück!«

Madame zog einen dicken Umschlag aus ihrer Kostümjacke. Sie zupfte einige große Scheine heraus. Angelo hob schon die Hand.

»Madame ...«

»Für die ersten Wochen«, sagte Madame, »wenn Sie mir das bitte quittieren würden.«

»Madame, das ist nicht nötig, es hat sich erübrigt, entschuldigen Sie bitte, wenn ich Sie oder Ihren Herrn Gemahl damit belästigt habe, aber die Kosten Ihres Aufenthalts wurden bereits beglichen.«

»Beglichen ...?«

»Bezahlt. Der Juni und auch schon der gesamte Juli.«

»Aber ... wer hat denn das bezahlt? Wir bleiben möglicherweise gar nicht mehr so lange.«

Angelo räusperte sich. Er senkte die Stimme.

»Ihr Herr Gemahl«, sagte er, »Herr Durand – er hat während Ihrer Abwesenheit die Bekanntschaft mit einer seine Arbeit hoch schätzenden Person gemacht. Soweit mir bekannt ist, verhandeln sie ...«

»Verhandeln?! Hören Sie, mein Mann ist krank, sehr krank, er ist nicht in der Lage, auch nur über irgendetwas zu verhandeln! Wie ist es überhaupt zu dieser *Bekanntschaft* gekommen? Wenn ihm das von Ihnen oder einem Ihrer Kollegen hier im Haus aufgedrängt wurde, dann ... dann mache ich Sie persönlich für die gesundheitlichen Folgen verantwortlich!

Mein Gott, was haben Sie sich dabei gedacht? Ich hatte darum gebeten, sich seiner sorgsam anzunehmen ...!«

Serge schlenderte bewusst gemächlich an der Seitenfront der Grand Hotels entlang. Er entdeckte eine von Efeu umwachsene Gitterpforte. Sie war verschlossen. Serge vergewisserte sich, dass niemand in der Nähe war, ließ seinen Dolch hervorschnellen und schob die Klinge zwischen Schloss und Rahmen. Mit einem kurzen Ruck hebelte er das Gatter auf.

Ein schmaler Pfad führte zu einer mit dichtem Buschwerk umgebenen Wiese. Einige dick gepolsterte Liegen waren von Gästen belegt, geschützt von Sonnensegeln und ausladenden Schirmen. Auf den Beistelltischen eisgekühlte Getränke. Zigarettenrauch kräuselte sich in der windstillen Luft. Serge schlich sich an ihnen vorbei. Blickte am Hotel hinauf, zu den Fenstern und Balkons.

Auf einem Balkon im zweiten Stock erschien der Monsieur. Serge war dermaßen überrascht, dass er sich nicht gleich bemerkbar machte. Als er es tat, war es bereits zu spät. Durand war schon wieder zurück in sein Zimmer gegangen.

Madame registrierte, dass der Schrankkoffer von der Tür zu ihrem nebenan liegenden Zimmer beiseitegerückt war. Sie registrierte, dass die beiden Betten zu einem großen aneinandergerückt waren. Sie sah, dass das Zimmer sauber und aufgeräumt war. Lediglich auf den Betten häuften sich Bücher, lagen lose Papiere, Tablettenschachteln und -röhrchen, lag das Schachbrett.

Madame wartete darauf, dass Durand sich ihr zuwandte, sie umarmte, sie begrüßte. Doch er nickte ihr nur müde zu und ließ sich schnaufend in den Sessel fallen.

»Ich hatte eine gute Reise«, sagte sie.

»Ich habe kaum geschlafen«, sagte er.

»Dein Neffe lässt grüßen.«

»Lässt er mir was ausrichten?«

»Er kümmert sich um alles.«

»Das ist gut, das beruhigt mich. Das Geld ... Angelo, ja, Angelo bittet um eine Anzahlung.«

»Das habe ich schon geregelt«, sagte Madame und legte den Umschlag aufs Bett. »Das ist der Rest, etwas über 12.000.«

Durand winkte ab.

»Ich denke daran, in die Schweiz zu reisen. Mein Neffe hat mir dort ein Sanatorium empfohlen. Ich muss ohne diese Tabletten zurechtkommen.«

Sie setzte sich ihm gegenüber auf die Bettkante, machte eine Geste zu der Verbindungstür.

»Wie ich sehe, habe ich wieder Zugang zu dir.«

Durand antwortete nicht gleich. Er rieb sich kräftig das Gesicht, blickte zu Boden.

»Ich hatte Gedanken, an denen ich mich nicht hätte erfreuen dürfen.«

»Und das darf nicht sein.«

»Das darf nicht sein, das darf nicht sein«, wiederholte Durand wie eine Litanei. »Nicht diese Gedanken.«

»Ich helfe dir, Paul, ich habe dich immer erlöst.«

»Danke«, sagte er. »Danke. – Begleitest du mich auch in die Schweiz?«

»Darüber reden wir dann. – Du hast Bekanntschaften gemacht.«

Durand seufzte. Er schüttelte den Kopf.

»Ich habe einige Male im Speisesaal zu Abend gegessen. Man unterhält sich. Man zeigte Interesse an meinen Arbeiten.«

»Sag mir die Wahrheit.«

»An anderes erinnere ich mich nicht. Es geht mir so viel im Kopf herum.«

Madame sah ihn an, suchte seinen Blick.

»Paul«, sagte sie dann. »Ich bin und ich bleibe an deiner Seite. Das bedeutet mir mehr, als du denkst. Glaubst du, ich würde das alles sonst auf mich nehmen?«

»Gib mir die Hand«, sagte er. Sie zögerte, bevor sie ihm beide Hände entgegenstreckte. Er beugte sich vor und küsste sie. Er küsste die Linke, er küsste die Rechte, und als er aufsah, hatte er das strenge und bleiche Gesicht der Mutter vor Augen.

Jean-Paul Durand unterwarf sich der Madame. Er war erleichtert. Und erschöpft. Am Nachmittag wurde leise an seine Tür geklopft. Es war Angelo. Er hielt Durand ein ovales, silbernes Tablett mit süßem Gebäck entgegen.

»Ein paar Cannelloni«, sagte er. »Eine Spezialität. Die Herren ... Sie wissen, sie wünschen Ihnen beste Gesundheit. Kann ich ihnen etwas ausrichten.«

»Oh, ja. – Danke.« Durand flüsterte. »Danke. Es ist nicht vergessen.«

Nach einem gemeinsamen Abendessen teilte die Madame ihm sechs Phanodorme zu. Sie unterhielten sich noch eine Weile über ihren Aufenthalt in Paris, bis Durand ermüdete und sich schlafen legte.

Madame zählte ihm noch weitere Tabletten für die Nacht ab, verschloss dann sämtliche Medikamente im Schubfach des Sekretärs und nahm den Schlüssel an sich. Sie ging in die Hotelbar, ließ sich von einem britischen Gast zum Champagner einladen und verabschiedete sich nach Mitternacht von ihm. Bevor sie in ihr Zimmer ging, sah sie nach Durand. Er schlief und schnarchte leicht. Eine Dreiviertelstunde später verließ sie heimlich und unbemerkt das Hotel.

Es war die Nacht zum 1. Juli.

Samstag: 8 Hydal um 9.10 Uhr – dann 2 + 4 um 14.30 Uhr und 10 für abends und die Nacht.

Serge hatte sich gegenüber dem von der Madame gewählten Haus in der Altstadt einquartiert, für einen Spottpreis pro Nacht. Er sah vom Fenster aus, dass die Madame sich näherte. Es war gegen zwei Uhr nachts, wie gestern. Und wie gestern würde sie erst früh am Morgen in das Hotel zurückkehren. Genügend Zeit, sich Durand zu zeigen. Mit ihm zu reden und zu hören, ob und was zu tun sei.

Durand wälzte sich im Bett herum, geriet über die Kante, fiel zu Boden. Ein heftiger Schmerz durchzuckte ihn.

Er rief nach Hilfe. Er rief nach der Madame.

Sie reagierte nicht. Niemand eilte herbei.

Durand versuchte aufzustehen. Es gelang ihm nicht. Kraftlos sackte er wieder zusammen. Er versuchte es noch einmal. Und wieder kam er nicht auf die Beine.

Er robbte bäuchlings zur Zimmertür, mühsam atmend, streckte den Arm aus, um die Klinke zu fassen und sich an ihr hochzuziehen. Doch er hatte nicht die Kraft dazu.

Und so blieb er wimmernd liegen, mit Blick nach draußen, wo am tiefschwarzen Himmel die Sichel des Mondes und vereinzelte Sterne standen. Bis ihm der Gedanke kam, nach seinem Gehstock zu greifen. Das schaffte er, und mit letzter Kraft schlug er damit drei-, viermal an die Wand ...

Sonntag, 2. Juli.

Gigi stellte das silberne Tablett mit Trauben, Orangen, frischen Feigen, Kaffee und Toast im Zimmer der Madame ab. Die Verbindungstür zu Durands

Zimmer stand leicht offen. Gigi hörte von nebenan Durand leise mit sich selbst sprechen.

»Danke«, sagte die Madame. Sie steckte ihm einen klein gefalteten Schein zu. »Ich denke, heute Abend werde ich allein zum Dinner herunterkommen ...«

»Wasser!«

Gigi zuckte zusammen.

»Wasser!«, rief Durand mit brüchiger Stimme. »Das gute Wasser aus Fiuggi! Nur das! Ich brauche Wasser! Serge soll es bringen, Serge! Serge soll kommen. Wo bleibt er denn?«

»Ja – Wasser«, antwortete ihm Madame und bedeutete Gigi, dass Durand verstört, nicht bei Sinnen sei. »Serge, mein Gott! Er spricht von Serge. Serge hat ihn früher gefahren, das ist eine Ewigkeit her! Es wird wieder schlimmer mit ihm. Er ist im Wahn! Er hat Visionen! – Gigi, bring ihm sein Wasser! Ich verabreiche ihm noch seine Medizin.«

Gigi stammelte irgendwas. Er war froh, das Zimmer verlassen zu können.

Später war die Madame allein in ihrem Zimmer. Die Verbindungstür hatte sie geschlossen. Sie nahm sich ihre Notizen vor. Ein in Leder gebundenes Quartheft, nur einige Seiten beschrieben.

Sie dachte nach.

Über Durand und seinen momentanen Zustand.

Über den Neffen in Paris.

Sie dachte darüber nach, wie sie was notieren sollte. Sie klopfte mit dem Schreibstift an ihre

Zähne, schloss für einen Moment die Augen. Dann schrieb sie.

Sie erstellte aus dem Gedächtnis eine Liste der Medikamente, die Durand seit Beginn ihrer gemeinsamen Reise täglich einnahm. Einnehmen sollte.

Sie notierte unter dem aktuellen Datum: Monsieur D. im Verlauf des Tages 1 1/2 Flaschen Veriane.

Die Luft im Zimmer war stickig.

Sie zog ihr Kleid aus und das Oberteil ihrer Unterwäsche. Sie löste ihre Strumpfbänder.

Sie betrachtete sich im Spiegel.

Sie hatte noch immer einen schlanken, straffen Körper, und sie war von robuster Gesundheit. Tochter einer polnischen Wäscherin und eines Kleinkriminellen, unter Entbehrungen aufgewachsen. Ein langes Leben lag noch vor ihr, davon war sie überzeugt. Sie hatte eine Zukunft, und die sollte sorgenfrei sein.

Bald. Möglichst bald.

Madame verspürte eine krampfartige innere Anspannung. Einen Druck. Sie streckte sich auf dem Bett aus, sah zur Decke hoch und begann, sich zu streicheln.

ABSPRACHEN

Madame kleidete sich neu ein. Sie ließ sich von Pierre von Geschäft zu Geschäft kutschieren. Sie kaufte neue, reizvolle Unterwäsche. Sie kaufte Strümpfe und Blusen. Einfach geschnittene, unifarbene Blusen mit Knopfleiste und halbem Arm. Sie kaufte Röcke, eng anliegende und weit schwingende Röcke. Sie kaufte Schuhe. Sie kaufte auch eine elegante Herrenhose und eine Weste. Sie kaufte Seife und Parfüm. Sie kaufte Wein und eine Stange Zigaretten und auf dem Markt frisches Obst.

Pierre wunderte sich, aber er stellte keine Fragen.

Er kam auch nicht dazu. Die Madame verstaute ihre letzten Einkäufe im Kofferraum des Peugeot. Es war Mittagszeit. Sie schwang sich in den Wagen und wies Pierre den Weg. Der Weg führte in die Altstadt. Er führte zu einem vier Stockwerke hohen Haus. Wäsche hing über der Straße, Essensgeruch lag in der Luft, irgendwo plärrte ein Radio mit Marschmusik.

Madame stieg aus.

»Erster Stock«, sagte sie. »Nimm, was du tragen kannst. Den Rest kannst du später holen.«

Sie wartete, bis er sich bepackt hatte und stieg vor ihm die Treppe hoch. In dem lichtdurchfluteten Zimmer ließ sie Pierre die Einkäufe an der Wand stapeln.

»Monsieur ist krank«, erklärte sie ihm dabei. »Er hat sich zu einer Kur in der Schweiz entschlossen, und er will dort allein sein. – Du kannst die Kleider im Schrank unterbringen. Ich kümmere mich später darum.«

»Ja ... ja, Madame. Ich bin ...«

»Das überrascht dich, ich weiß. Aber wenn Monsieur gefahren ist, werde ich in Palermo bleiben. Es gefällt mir hier. Und ich ... ich wäre hocherfreut und dankbar, wenn du mir weiterhin zu Diensten sein würdest.«

Sie trat nah an ihn heran, suchte seinen Blick. Pierre wischte sich den Schweiß von der Stirn, rieb sich verlegen die Hände an der Hose ab.

»Madame, was ... was soll ich dazu sagen? Der Monsieur ... sehen Sie, ich bin ihm verpflichtet ...«

»Du magst ihn, das ist mir klar. Aber er verlässt uns nun mal. Und ich ... ich bleibe.« Sie zog ihn mit einem kräftigen Ruck an sich, schlang ihre Arme um ihn. »Verdammt, komm her, du Narr! Ich will dich! Ich will dich allein für mich!« Sie küsste ihn fordernd, hielt ihn fest umarmt und warf sich mit ihm aufs Bett.

Durand begrüßte Serge im Foyer des Hotels, augenzwinkernd und mit offenen Armen.

»Danke«, flüsterte er ihm ins Ohr. »Du warst diese Nacht rechtzeitig zur Stelle.«

»Die Madame hintergeht Sie.«

»Ich kann sie nicht zwingen, ständig bei mir auszuharren.«

»Das sicher nicht, aber ...«

»Serge, es ist, wie es ist«, sagte Durand. »Wir haben es immer so gehalten.« Er lächelte ein müdes Lächeln. »Und ich bin ein alter Mann.«

»Unsinn! – Entschuldigen Sie, Monsieur, aber Sie werden von ihr betrogen. Sie ist nur an Ihrem Geld interessiert!«

Durand schüttelte den Kopf.

»Geld«, sagte er mit wegwischender Geste. »Geld.« Er ging mit Serge zur Rezeption, zu Angelo.

»Sie sind wieder ganz wohlauf?«, fragte Angelo.

Durand ging nicht darauf ein.

»Angelo«, sagte er. »Ich darf dir Serge vorstellen. Ein Kriegskamerad. Er ist gekommen, um die Heilige Rosalia zu feiern. Wir wollen ein paar angenehme Tage miteinander verbringen.«

Angelo deutete eine Verbeugung an.

»Zu Ihren Diensten.«

Serge verzog keine Miene. Er stand mit nichts in der Hand da, in militärischer Habachtstellung.

»Ist auf unserem Flur noch ein Zimmer frei?«, fragte Durand. »Ich möchte Serge gern in meiner Nähe wissen.«

Angelo wiegte den Kopf, beugte sich aber tief über sein Buch, schlug eine Seite um, seufzte. Durand trommelte mit den Fingerspitzen leicht auf den Tresen.

»Und?«, fragte er.

»Nun, wie ich sehe«, sagte Angelo, »nur auf der dritten Etage, ja, das Eckzimmer, nach hinten hinaus. Der Preis ist allerdings ...«

»Das übernehme ich. – Serge braucht noch Kleidung zum Wechseln. Er ist auf seiner Reise bestohlen worden.«

»Oh, das ist ... das ist sehr bedauerlich.« Er zog den Zimmerschlüssel vom Brett. Durand nahm ihn an sich.

Auf seinem Zimmer schluckte Durand zwei der ihm von der Madame herausgelegten Tabletten, legte sich aufs Bett und schloss die Augen. Er wurde nicht schläfrig, er blieb hellwach. Er stand auf, nahm ein Buch, blätterte flüchtig darin und legte es wieder weg. Unschlüssig schaute er zum Balkon. Draußen war es heiß. Zu heiß. Die Mittagshitze.

Durand trank einen großen Schluck Wasser. Als er das Glas abgesetzt hatte, gab er sich einen Ruck und klopfte an die Verbindungstür zum Zimmer der Madame.

Keine Reaktion.

Er klopfte noch einmal und öffnete die Tür.

Madame war nicht in ihrem Zimmer.

Das Zimmer war aufgeräumt, das Bett mit der Tagesdecke bedeckt, die Vorhänge zugezogen.

Durand zögerte nur einen kurzen Moment, dann ging er zu seinem Sekretär. Er nahm den Brieföffner. Er hebelte die Schublade mit den Medikamenten auf.

Serge setzte sich mit einigem Abstand zu einem jungen, auffallend blassen Paar an die Bar. Er sah nur kurz zu der Nische hin, in der Durand bei zwei gut gekleideten Herren seines Alters Platz genommen hatte. Interessenten, hatte ihm Durand beim Verlassen des Zimmers erklärt. Ich will ihnen unser Automobil überlassen, es hatte seine Zeit. Er schien froh darüber zu sein, erleichtert. Es hörte sich nahezu euphorisch an.

Serge bestellte ein Bier.

Er kannte Durands tatkräftige und beschwingte Seiten, kannte aber auch seine Depressionen, seine schwarzen Tage. In solch einer Stimmung hatte er ihn seinerzeit kennengelernt.

Er sah es noch deutlich vor sich. Den im Kreis umhergehenden Herrn auf dem Stück Wiese neben der Pariser Oper. Niemand sonst war noch unterwegs. Es wehte ein kalter Wind. Er fegte dem Herrn den Hut vom Kopf. Es begann zu regnen. Den Herrn schien es nicht zu kümmern. Er fuhr an ihn heran, öffnete ihm den Wagenschlag. Tränenüberströmt war der Herr, zutiefst gerührt von der Aufführung der Oper. Er weinte bitterlich. Er bat um Anteilnahme. Um tröstende Liebe. Wie konnte man das anders verstehen, als ihn zu einer der speziellen Adressen zu fahren? Die von diesen Herren der besseren Gesellschaft immer wieder gern aufgesucht wurden.

Das, ja das hatte er getan. Nicht wissend, dass es die Madame war, an deren Tür er ihn abgesetzt hatte – bah!

Knapp eine Stunde später war der Monsieur wieder bei ihm eingestiegen. Er hatte ihn nach Hause kutschiert. Zu dem Anwesen in Neuilly, einem Pariser Vorort. Ein Angebot war ihm unterbreitet worden. Eine Anstellung auf Lebenszeit. Bei dem Monsieur. Bei Durand, bei Jean-Paul Durand. Von adliger Abstammung. Ein Erbe. Ein exzentrischer Milliardär.

Ein genialer Erfinder.

Serge war beim Bau des Wohnmobils von Anfang an dabei gewesen. Hatte Probefahrten gemacht und die große Tour durch Europa. Über die Alpen, ans Meer ...

... sich auf den Wellen treiben lassen, hatte Durand oft gesagt, nur den Himmel über sich ...

»Signore, das hätten Sie uns doch sagen können!« Butera und Manzella waren gleichermaßen überrascht. »Wir haben enge, sehr enge Kontakte zu der Bruderschaft.«

»Eine Bruderschaft ...?«

»Die Bruderschaft der Heiligen Rosalia. Sie ist im Geheimen tätig«, sagte Butera. »Die derzeitige Politik sieht sich durch sie gefährdet.«

»Eine Bruderschaft«, wiederholte Durand.

»Wir unterstützen sie. Das weiß man zu schätzen. Auch wir haben gelegentlich die eine oder andere Bitte. Das ist kein Problem, Monsieur. – Über Ihr Wohnmobil sind wir uns doch so weit einig.«

»Bekräftigen wir es«, ergänzte Manzella.

»Ja«, sagte Durand. »Ja, das sind wir.«

Sie reichten sich die Hände. Butera bestellte Champagner.

»Ein, zwei Tage brauchen wir allerdings«, sagte er und wandte sich an seinen Schwager. »Du kümmerst dich darum.«

»Ich gebe Ihnen ein Zeichen«, sagte Manzella.

Pierre erschien erst am späten Abend bei Durand. Durand saß an dem Sekretär und beendete soeben einen Brief. Er versiegelt ihn.

»Pierre«, sagte er. »Dieser Brief ist von allergrößter Dringlichkeit. Mir wurde gesagt, dass morgen die erste Fähre zum Festland schon um fünf Uhr dreißig ablegt.«

»Das ... das wird so sein. Entschuldigen Sie, dass ich Sie heute ...«

»Morgen, Pierre, morgen halb sechs. Du bist pünktlich an Bord, und in Genua nimmst du den Zug ...«

»Ich ... ich soll ...?«

Durand drückte ihm den Brief in die Hand und zählte ein paar größere Geldscheine ab.

»Du übergibst diesen Brief meinem Neffen und fährst noch am selben Tag wieder zurück. Mit dem, was er dir aushändigt. Gib gut darauf acht. Es hat einen nicht unbeträchtlichen Wert.«

»Aber Monsieur ...« Pierre schüttelte heftig den Kopf. »Das kann ich nicht, das kann ich doch gar nicht. Es tut mir leid, dass ich Ihnen heute nicht zur Verfügung stand, aber ich musste die Madame ...«

Mit einem Blick auf die Durchgangstür senkte Durand die Stimme.

»Die Madame soll davon nichts wissen«, sagte er. »Hörst du? Ich werde ihr dann schon erklären, dass die Angelegenheit keinen Aufschub duldete. Du kannst zum Fest der Heiligen Rosalia zurück sein. Du musst bis dahin zurück sein! Du weißt, wie viel mir das bedeutet! Wie bedeutsam es ist!« Er hob beschwörend die Hand. »Es wird auch zu deinem Besten sein, du hast mein Wort.«

Pierre war der Schweiß ausgebrochen. Seine Hände flatterten, er verschränkte sie, löste sie wieder, schluckte. Ihm war heiß, glühend heiß. Sein Herz pochte heftig.

»Monsieur«, sagte er nur noch. Es klang hilflos, war kaum hörbar. »Monsieur.«

Durand strich ihm sanft über die Wange, lächelte ein liebevolles Lächeln.

»ich verlass mich auf dich«, sagte er. »Nun leg dich schlafen. Ich weiß, dass es kein Spaziergang sein wird.«

Im Morgengrauen fuhr Gigi Pierre auf seinem Moped zur Fähre. Pierre stieg ab, rückte seine Jacke zurecht.

»Paris«, sagte Gigi. Er entzündete zwei Zigaretten, gab Pierre eine. Sie rauchten.

»Mir ist verdammt noch mal nicht wohl dabei. Das wird noch Ärger geben, großen Ärger.«

»Willst du es mir sagen?«

»Ich muss nur was abholen. Mehr hat mich offenbar nicht zu interessieren. Aber ich kann mir schon denken, um was es geht.«

Gigi nickte.

»So ist es mit den Herrschaften. Ich kenn das. Aber ich bin dein Freund, Pierre, ehrlich. Pass auf dich auf!« Gigi reichte ihm die Hand. Pierre ergriff sie, drückte sie.

HELL UND DUNKEL

Die Bankreihen in der Kathedrale waren bis auf den letzten Platz besetzt. Auch in den Seitenflügeln standen Eltern mit ihren Kinder, standen Jugendliche und junge Frauen, standen dumpf vor sich hinstarrende Männer und vom Alter gebeugte Frauen mit verhülltem Haupt.

Sie sangen inbrünstig. Sie beteten.

Wir loben dich, wir preisen dich, wir beten zu dir ... ich verfluche dich, du Dreckskerl ... wir rühmen dich, wir danken dir, so steh uns bei ... du heimtückischer Bastard, fluchte Madame insgeheim, du erbärmlicher Feigling ... denn groß ist die Kraft und die Herrlichkeit ...

Kyrie,

Kyrie,

Kyrie eleison ... jetzt und immerdar ... und in Ewigkeit ... sie sangen und sie beteten.

Vater unser, der du bist im Himmel ... haut einfach ab, sagt nichts, erklärt nichts, ist von einer Stunde auf die andere verschwunden ... erbarme dich unser und vergib uns unsere Schuld ... ich hätte es wissen müssen, beschränkt, wie er ist, ein dumpfer Tor ... verlogen und begreift es nicht einmal, was er mir antut ...

Die Luft war von Weihrauch durchzogen ... die Münder der Gläubigen waren weit geöffnet ... in schmalen und fettgepolsterten Gesichtern ... Bastard, Verräter, elendiger Verräter ...

Kyrie,

Kyrie,

Kyrie eleison ... Zahngold blitzte. Silberspangen, Knoblauch- und Alkoholatem vermischten sich mit Weihrauch und Myrrhe ... knochige Hände verschränkten sich zum Gebet.

Sie baten um Vergebung, sie baten um Gnade ... Herr im Himmel ... Pater noster, qui es in caelis, sanctificetur nomen tuum ... Adveniat regnum tuum ... dein Reich komme ... Rosalia, heilige Jungfrau, gelebt und gestorben im Antlitz des Herrn ... gelobet seist du ... ich habe dir Arbeit gegeben und Lohn und Brot, das hast du mir zu verdanken ... sie hatte Durand vor Augen, wie er im Bett lag, ein Buch las, wie er rauchte und die Schachfiguren auf dem Brett hin und her schob, hin und her, her und hin ... Tag für Tag, Nacht für Nacht, bis hin in alle Ewigkeit ... sie hatte einen bitteren Geschmack im Mund ... Herr, oh, Herr, schenke uns deine Güte und Barmherzigkeit ... schenke uns Frieden.

Madame senkte den Kopf ... der Gesang schwoll an ... Trompeten ertönten ... Madame empfing den Segen des Herrn ... so stehe mir bei ... ihr Herzschlag verstärkte sich ... sie raffte ihren Rock und erhob sich. Verließ die Kathedrale.

Die Tage im Juli des Jahres 1933 waren unsäglich heiß und trocken. Die Nächte brachten kaum Abkühlung. Viele Menschen schliefen im Freien, am Strand oder auf den Terrassen und Balkons ihrer Häuser.

Nahezu jeden Tag rotteten sich die Faschisten in ihren glänzend schwarzen Hemden und blank gewichsten Stiefeln zusammen. Sie richteten auf den Plätzen und Märkten der Stadt ihre Aufrufe an das Volk. Marschierten ihre Parolen grölend durch die Stadt. Sie drohten und prügelten sich mit Passanten.

Die Carabinieri blieben zumeist untätig, senkten die Köpfe, schauten weg, duckten sich.

Die Katholiken bereiteten sich auf das mehrtägige Fest der Heiligen Rosalia vor, strömten in die Gottesdienste und luden Freunde und Nachbarn zu einem gemeinsamen Festessen vor der Kulisse des alljährlichen Feuerwerks ein.

Es waren die hellen und die dunklen Tage der sizilianischen Hauptstadt. Es waren die Tage der Machtdemonstration und der Willkür und die des Glaubens und der Hoffnung.

Pierre nutzte den kurzen Aufenthalt in Milano, um sich am Bahnhofskiosk Zigaretten und ein Schinken-Käse-Panini zu kaufen. Leichtfüßig eilte er zu seinem Bahnwaggon, stieg ein und ging durch zu seinem Abteil. Es war außer ihm nur noch von zwei älteren Frauen und einem freundlich blickenden Herrn besetzt. Der Mann trug eine karierte Hose und unter dem Gehrock eine gelbe Weste. Er las in einem Roman von Jules Verne. Jules Verne, »Zwanzigtausend Meilen unter dem Meer«.

Auch Durand besaß dieses Buch. Er hatte Jules Verne sogar besucht und es sich von ihm signieren lassen. Sie hatten Kaffee und Wein getrunken, lange miteinander geredet und sich gegenseitig versichert, weiter und größer zu denken als ihre Zeitgenossen.

Sein Monsieur!

Pierre verspürte augenblicklich einen gewissen Stolz.

Sein Unbehagen verflog.

Sollte die Madame ihm übelnehmen, sie nicht von seiner Abreise in Kenntnis gesetzt zu haben – Monsieur war sein Herr, am Ende stand er ihm doch näher als ihren Verheißungen.

Er vergewisserte sich, dass das versiegelte Schreiben noch immer in seiner Jacke steckte, und begann, sein Brot zu essen. Die beiden Frauen nickten sich zu. Die Jüngere schlug das Tuch über ihrem Korb zurück, nahm eine Flasche heraus und bot allen ein Gläschen Rotwein an.

Pierre kam mit ihnen ins Gespräch.

Donnerstag, 6. Juli: 3 Rutonal um 4.00 Uhr, 3 um 6.00 Uhr, insgesamt 18 ohne Schlaf ...

... er wusste nicht, ob er noch wach war oder träumte, aber plötzlich sah er die Züge der zum Matt führenden Springer-Läufer-Variante glasklar vor sich. Der Springer schlug nach rechts aus, sprang auf die linke Seite, lockte, entzog sich wieder.

Winkelzüge, Täuschungen.

Begleitet und abgesichert vom Läufer. Ein raffiniertes Manöver. Erst zu durchschauen, wenn es zu spät war. Wenn der König keinen Zug mehr machen konnte. Matt gesetzt war.

Schach. Schachmatt.

Der König stürzte, fiel, lag geschlagen am Boden ... laut brauste das Meer, die Wellen schlugen an den Strand, die Mutter saß am Cembalo ... und er, er stand da, hoch aufgereckt, triumphierend ... gravierte mit dem Spazierstock seinen Namen in den Sandstrand seiner Jugend ... auf immer und ewig ... er lächelte ein glückliches, befreiendes Lächeln. Er setzte sich auf, rieb sich die Augen, die Stirn ... sein Blick fiel auf die ihm aus der Hand geglittenen restlichen Tabletten.

Der Neffe musterte den vor ihm stehenden jungen Mann. Ein hoch aufgeschossener Bursche, der etwas unbeholfen auf ihn wirkte, vielleicht aber auch nur unsicher war. Er nannte seinen Namen und überreichte ihm den versiegelten Brief seines Onkels.

»Danke«, sagte der Neffe. Er bat ihn, sich zu setzen, und wies seinen Hausdiener an, Kaffee zu servieren. »Sie sind also der neue Chauffeur meines Onkels. Er hat Sie selbst eingestellt?«

Eine Frage.

Pierre war darauf nicht vorbereitet.

»Das ... das war ... ein Bote hat mich aufgesucht. Ich sollte im Hotel Garni in der Rue Pigalle vorstellig werden. Die Madame hat mich empfangen und ... und auch befragt.«

»Befragt – ah, ja.« Der Neffe lehnte sich auf seinem Stuhl zurück und schlug die Beine übereinander. Er trug einen taubengrauen Anzug mit Weste. Am Revers des Jacketts steckte ein silbernes Abzeichen, das Pierre nicht zuordnen konnte.

»Zu was?«

»Entschuldigen Sie ...«

»Was wollte sie wissen? Die Madame.«

»Ich ... ich weiß es nicht mehr genau. Nach meiner Gesundheit wurde gefragt und ... und ob ich Familie habe. Das hat auch den Monsieur interessiert ... wenn wir auf der Reise abends in einem Rasthaus beisammensaßen.«

Der Neffe brach das Siegel, überflog das Schreiben, behielt es in der Hand, als er sich wieder Pierre zuwandte.

»Und? Wie ist Ihr familiärer Stand?«

»Ich bin ungebunden«, sagte Pierre mit fester Stimme. »Ich habe nur noch meine Mutter. Sie lebt in der Bretagne, an der Küste.«

»Ihre Reise, und dann Palermo. Wie soll ich mir das vorstellen? Waren Sie ständig zusammen? Gab es Unstimmigkeiten? Streit?«

»Das ... muss ich das beantworten? Ich soll nur erledigen, was ... was Monsieur Ihnen da schreibt.«

»Pierre.« Der Neffe bemühte sich um einen ruhigen, einfühlsamen Ton. »Pierre, mir liegt das

Wohl meines Onkels sehr am Herzen. Er ist schon seit Längerem gesundheitlich in keinem guten Zustand. Vermutlich auch geistig nicht. In bin besorgt, und noch einmal mehr über sein Anliegen. Es geht hier um sein Lebenswerk. Er will es weggeben, veräußern.« Er legte das Schreiben beiseite, griff nach dem schmalen Zigarettenetui, bot Pierre eine an und gab Feuer. »Pierre, ich weiß Ihre Loyalität zu schätzen, aber Sie müssen mir alles sagen und ... hat Serge schon mit meinem Onkel Kontakt aufgenommen?«

»Serge ...?«

»Ihr Vorgänger ...«

»Ich ... ich weiß nicht, ich ... kenn ihn gar nicht.«

»Er ist auf meine Bitte hin nach Palermo gereist, und ich erwarte täglich eine Nachricht von ihm.«

»Aber ... was befürchten Sie denn?«

Der Neffe stieß den Rauch aus, zog die Augenbrauen zusammen und fixierte Pierre.

»Einen Betrug«, sagte er. »Oder auch ein Verbrechen. Ich hoffe, auch in Ihrem eigenen Interesse, dass Sie weder wissentlich noch gar aktiv in irgendetwas dergleichen verwickelt sind.«

Der Neffe öffnete die Kassette, die ihm sein Onkel zur Aufbewahrung übergeben hatte. Schon derzeit hatte er sich gefragt, warum sein Onkel das Wohnmobil nicht mehr nutzte und in der Garage auf dem Land stehen ließ.

Er nahm die mehrfach gefalteten Konstruktionspläne heraus, die Rechnungen des Karosseriebauers und der Mechaniker, die Fotos der Ausstattung. Sonderanfertigungen, spezielle Stoffe und Hölzer.

Weitere Fotos zeigten Momente der Reisen. Der Onkel vor einem Wasserfall auf Tahiti, in einem Boot auf dem Kaspischen Meer, beim Papst. Ein paar Zeitungsausschnitte. Der Empfang beim Duce, Ehrung mit der von Gastinne-Renette gestifteten Goldmedaille für Pistolenschießen, der Wehrpass des abgeschlossenen dreijährigen Dienstes beim 72. Infanterieregiment in Amiens, nördlich von Paris.

Der Neffe steckte die Konstruktionspläne in einen großen Umschlag und schrieb ein paar Zeilen dazu: *Liebster Onkel, Du wirst Gründe haben, die Pläne Deines von Dir entwickelten Wohnmobils weiterzugeben. Du weißt, wie hoch die Kosten waren, man sollte Dir also einen angemessenen Preis zahlen. Das Fahrzeug ist sicher nicht für eine Serienproduktion geeignet. Aber auch als Einzelstück sollte es für alle Zeit Deinen Namen tragen: das Modell Jean-Paul Durand. Was Deine Finanzen in Gänze anbetrifft, besteht momentan kein Anlass zur Sorge. Auch Deine Begleiterin kann weiterhin davon ausgehen, später einmal eine kleine Leibrente zu erhalten. Sei aufs Innigste von mir umarmt und ziehe bitte die Kur in der Schweiz in Erwägung ...*

SIEGE

Das Zeichen kam um zwei Uhr nachts. Vor seinem Balkon schoss lautlos eine Leuchtrakete in die Luft. Durand war bereit. Er war festlich gekleidet, wie zu einer Pariser Theater- oder Opernpremiere. Leise wurde an seine Tür geklopft. Ein junger kräftiger Mann geleitete ihn die Treppen hinunter ins Foyer. In der Halle war niemand. Auf der Straße wartete eine Kutsche. Butera saß auf der Bank und half Durand, zu ihm einzusteigen. Der junge Mann setzte sich auf den Kutschbock, die beiden Pferde trabten los. Offenbar waren ihre Hufe mit Tüchern umwickelt. Es war kein weiter Weg. Durands Anspannung stieg. Butera schien es zu spüren. Beruhigend drücke er Durands Hand. Durand schluckte, lockerte seinen Kragen. Vor ihnen zeichnete sich die Silhouette der Kathedrale ab. Am Tor erwartete sie ein im Ornat gekleideter Mann. Butera sprach leise auf ihn ein. Er drückte ihm einen kleinen, prall gefüllten Lederbeutel in die Hand. Der Mann im Ornat signalisierte ihnen, ihm zu folgen. Vor der Kapelle blieben sie einen Moment lang stehen.

»Wir lassen Sie jetzt allein«, flüsterte Butera. »Sie haben eine Viertelstunde, niemand wird Sie stören.«

Der Geistliche schloss die Tür zur Kapelle auf. Andächtig verneigten Butera und er sich, bevor sie sich zurückzogen. Durand näherte sich in kleinen Schritten der hinter Glas ruhenden Heiligen Rosalia. Ihr goldenes Gewand blendete ihn. Er sah zu Boden. Doch er wusste, dass der Blick der Heiligen voller Erwartung auf ihn gerichtet war. Er sah auf, schaute sie an, unentwegt und ohne sich zu rühren, bis das trennende Glas verschwamm, die Tränen über seine Wangen rannen.

Freitag, 7. Juli: 4 Soneryl um 5.00 Uhr – 4 um 6.30 Uhr, Schlaf um 10 Uhr und 13 über die Nacht. Extra-Euphorie.

Pierre las in der an der letzten Station des Nachtzugs gekauften Zeitung. Aus dem am Abend von ihm verlassenen Paris wurde über faschistische Gruppierungen berichtet. In Barcelona waren die Schiffspassagen nach Südamerika ausverkauft. US-Präsident Roosevelt versprach wirtschaftlichen Aufschwung. Er versprach ein Ende der Großen Depression.

Auf der Sportseite ein großformatiges Foto von Tazio Nuvolari. Der Rennfahrer war Pierre als der »Fliegende Mantuaner« bekannt. Er verehrte ihn. Er hatte oft davon geträumt, in der Werkstatt eines solch wagemutigen Fahrers zu arbeiten. In seiner Mannschaft. Und auch selbst Rennen zu fahren. Mit vollem Risiko. Keine Spazierfahrten mehr für irgendwelche Herrschaften. Keine Konflikte, keine Zwistigkeiten. Tazio hatte den großen Preis von Belgien gewonnen. In einer fantastischen Zeit! Großartig! Bravo! Pierre faltete die Zeitung zusammen. Die ihm im Abteil gegenübersitzende junge Frau fragte, ob er sie ihr ausleihe. Ihre Tochter hüpfte schon zu ihm. Ein hübsches, aufgewecktes Mädchen.

Am Dienstag, dem 11. Juli, verließ Serge am frühen Morgen sein Zimmer. Er nahm die Treppe zur zweiten Etage. Vor dem Zimmer 226 blieb er stehen. Er lauschte. Er hörte die Madame. Er verstand nicht jedes Wort, aber was er hörte, klang nicht gut. Möglicherweise hatte Monsieur ihr mitgeteilt, dass er im Haus war. Extra aus Paris gekommen. Vom Neffen beauftragt.

Der Fahrstuhl stoppte.

Das Kabinengitter wurde aufgezogen.

Gigi kam auf den Flur.

Er schob unter jeder Zimmertür eine Karte durch, sie war mit den Initialen des Hotels geprägt. Serge ließ sich eine Karte reichen. Es war eine Einladung. Der Hoteldirektor bat zu einem Bankett, zu Ehren der Heiligen Rosalia.

Serge dankte und klopfte an die Zimmertür.

»Danke – wir benötigen nichts!«, hörte er den Monsieur.

Am Nachmittag hatte Durand den Wunsch nach einer Spazierfahrt in die nähere Umgebung. Er machte einen frischen, unternehmungsfreudigen Eindruck. Die Straße führte heraus aus der Stadt, vorbei an Zitronen- und Orangenbäumen, an vereinzelten Villen, Gemüsegärten, Olivenbäumen.

Durand erzählte, was er von den Herren Butera und Manzella über die Olivenölproduktion und den Handel erfahren hatte. Er lobte ihren Geschäftssinn.

Dann ging es steil bergauf, und die Landschaft wurde karger. Staubige Erde, totes Gras. Serge musste herunterschalten, Durand kniff die Augen zusammen. Das blaue Meer des Golfs, das dunkelgrüne Meer der Palmen und das geschäftige Treiben der Stadt waren mit einem Mal wie weggewischt. Sie erreichten den Pass, die Luft wurde kühler.

Auf der Rückfahrt machten sie einen Stopp am Hafen. Durand bat Serge, beim Hafenmeister zu fragen, wann die nächste Fähre vom Festland zu erwarten sei. Die Auskunft beunruhigte ihn. Ein Unwetter war angekündigt. Über genaue Ankunftszeiten könne man nichts sagen.

Der General der italienischen Luftwaffe überflog mit seiner Staffel in zwölf Stunden und achtundzwanzig Minuten den Ozean und landete am 12. Juli, um 16.40 Uhr, in Cartwright, Labrador.

Ein Rekord, ein Triumph der faschistischen Luftfahrt.

»Heil dir, Italo Balbo, die Jugend auf den Sportplätzen und in den Schulen, und die unter Waffen, das ganze italienische Volk ist begeistert über die blitzschnelle, glänzende Weltleistung, die wieder einmal den andauernden technischen und menschlichen Fortschritt und Aufstieg der faschistischen Luftfahrt beweist«, sagte Benito Mussolini in einer Radioansprache am 13. Juli 1933.

DIE NACHT

Die Nacht vom 13. auf den 14. Juli begann für das Personal des Grand Hotel et Des Palmes schon nach dem Abräumen des Frühstücksgeschirrs. Im Saal wurden die Tische gerückt, zusätzlich Stühle herangeschafft. Angelo baute ein kleines Podest für die Ansprachen vom Direktor des Hotels, Lucio Toretta, dem Bürgermeister der Stadt und einem Kommandeur der PNF, der Partei Nationale Faschisten, auf. Er legte Kabel und schloss Mikrofon und Lautsprecher an. Angelo tat es nicht gern. Keiner der Redner hatte seine uneingeschränkte Sympathie.

Der Küchenchef versammelte seine Mannschaft um sich und verkündete, was serviert werden sollte. Man machte sich umgehend an die Arbeit. Rinder- und Gemüsebrühen wurden angesetzt, Fischfilets mariniert, Pilze geputzt und Wachteln gerupft. Der Küchenchef ging mit dem Soßenkoch auf eine Zigarette nach draußen.

Gigi schleppte aus dem Keller große Korbflaschen mit Weiß- und Rotwein herauf. Immer wieder musste er an Pierre denken. Er machte sich Sorgen um ihn.

Auf jeder Etage des Hotels arbeiteten vier Zimmermädchen. Sie reinigten die Toiletten, wischten Staub, bezogen die Betten neu und legten frische Handtücher aus. Die Madame schickte die jungen Frauen weg.

Durand hatte nach dem Aufstehen einen blauseidenen Kaftan übergestreift und saß rauchend am Sekretär, neben sich das Schachbrett.

Er begann die Partie. Er notierte Zug für Zug mit kleiner, säuberlicher Schrift: »1 Lb3 – f7 Bodengewinn!, Ke7 – d6; 2 Kg7 – f6, Kd6 – d7 (oder 2. Kc5; 3. Ke5), Kd7 – d6, ein Versuch, hinterrücks über die schwarzen Felder zu fliehen, aber das entstehende Cédille-Zeichen ist hartnäckig …«

Ja. Ja, das ist es. Hartnäckig.

Er erinnerte seine unzähligen Versuche. Schlaflose Nächte, fiebrigen Nächte. Nächte, in denen er geglaubt hatte, wahnsinnig zu werden. Wahnsinnig zu sein.

Er legte den Stift aus der Hand. Trank einen Schluck Wasser. Trank noch einen. Gedämpft drangen die Geräusche der Straße herein, das Rascheln der Palmblätter, das Klappern der Pferdehufe und hin und wieder eine Autohupe … hoffentlich kam Pierre rechtzeitig zurück.

Ihm war, als tauche er ein in das Rufen und Handeln der Marktfrauen, nahm den Geruch der Früchte und Gewürze wahr, hatte den Geschmack auf der Zunge ... das süße Gebäck in den engen Gassen von Marrakesch.

Er sah die Frauen vor sich, die für das abendliche Festmahl zu Beginn der Feiern einkauften. In der Küche die Vorbereitungen trafen. Der Wind wehte feinen Staub ins Zimmer ... er hatte wieder den Schrein mit der Heiligen Rosalia vor Augen, das Antlitz der Jungfrau war ihm nahe, es gab ihm Kraft, stärkte das Bewusstsein für die Einzigartigkeit seiner Existenz ... Er rieb sich die Augen. Nahm erneut einen Schluck und notierte weiter, wie der König in die Enge zu treiben war, aussichtslos.

Er notierte es äußerst präzise.

Es sollte ein Lehrstück sein.

Serge war unterwegs zur Post. Er gab das von Durand verfasste Telegramm an das *Sanatorium Belle-vue, Herrn Dr. Ludwig Binswanger, Kreuzlingen, Schweiz* auf: *Sehr geehrter Dr. Binswanger, mein Name wird Ihnen bekannt sein. Mein Neffe Henri Neville empfahl mir zwecks Behandlung meines Nervenleidens einen längeren Aufenthalt in Ihrer Klinik. Ich werde voraussichtlich am 16. dieses Monats bei Ihnen eintreffen – Jean-Paul Durand.*

Durand beendete seinen letzten Brief. Er adressierte ihn an die Friedhofsverwaltung des Cimetière du Père-Lachaise in Paris und legte ihn zu den beiden anderen Briefen, von denen der eine an den Weltschachverband und der andere an seinen Neffen gerichtet war. Er beschwerte die Briefe mit seinem Revolver.

Um 19.00 Uhr erschien Direktor Toretta im Foyer und begrüßte die eintreffenden Gäste.

So gegen acht klopfte die Madame an die Verbindungstür zu Zimmer 224. Durand bat sie herein. Sie teilte ihm die Tabletten für die Nacht zu. Über die beschädigte Schublade verlor sie kein Wort. Durand sagte ihr, dass er sich telegrafisch in der Schweizer Klinik angemeldet habe. Madame schwieg auch dazu. Sie sagte lediglich, dass sie an dem im Hotel stattfindenden Fest teilnehmen werde.

Serge kam gegen 22.00 Uhr zu Durand aufs Zimmer. Er hatte gehört, dass nach Mitternacht noch eine Fähre im Hafen von Palermo eintreffen sollte. Durand war erleichtert und bat Serge, eine Partei Schach mit ihm zu spielen.

Serge entdeckte den Revolver. Er blickte Durand an, zog fragend die Augenbrauen hoch.

»Für das Feuerwerk«, sagte Durand.

Punkt 24.00 Uhr ging es los. Kracher und vielfarbige Sterne, Leuchtkörper explodierten, Purpur- und Goldregen rieselten vom Himmel herab, Raketen schossen zischend empor, in der Stadt brach Jubel aus. Die Heilige Rosalia wurde begrüßt. Durand trat auf den Balkon.

Serge betrat den Festsaal. Er entdeckte die Madame an einem Tisch, an dem sie mit mehreren Personen zusammensaß. Offensichtlich war schon heftig gezecht worden, immer wieder wurden die Gläser gehoben, ertönte schrilles Lachen und der dröhnende Bass eines ungemein dicken Mannes in Uniform.

Um 0.45 Uhr kam Manzella mit einem Gefolgsmann in das Hotel. Geschmeidig schlängelten sie sich an einer Gruppe feiernder Schwarzhemden vorbei und fuhren mit dem Fahrstuhl in den zweiten Stock.

COMMISSARIO FANFANI

Gegen fünf Uhr in der Nacht startete Serge den von Durand für die Reise gekauften Peugeot. Er fuhr ihn vom Hotelparkplatz. Er steuerte ihn durch die Stadt und an der Küste entlang in Richtung Westen. Nach der Bucht von Castellammare bog er ab und fuhr hoch zu einer Burgruine, von Bäumen umgeben. Ein einsamer, ein finsterer Ort. Vorsichtig lenkte Serge den Wagen an den Rand der schroffen Felsformation. Er stieg aus. Er zündete sich eine Zigarette an. Er sah zum Himmel hinauf, zu den allmählich verblassenden Sternen. Serge rauchte, sein Gesicht war versteinert. Tief unten das Meer. Tief unten brachen sich hohe Wellen am Riff. Serge rauchte seine Zigarette zu Ende. Er ging zum Heck des Wagens. Er stemmte, er warf und warf sich mit all seinem Gewicht dagegen, brachte das Auto weit genug über den Fels, um es kippen zu lassen. Es stürzte hinab, es zerschellte auf den Klippen, wurde fortgespült und versank im Meer. Serge nickte knapp: Die Madame würde damit nicht mehr davonfahren, sich nicht mehr nach irgendwo ins Landesinnere absetzen können.

Zwei Betten, zusammengerückt, mit Tagesdecken. Sie waren glatt gestrichen, niemand schien darauf gelegen zu haben.

Der Kleiderschrank, geöffnet, enthielt in den Fächern Kleidung und Leibwäsche, auf Bügeln zwölf Anzüge, ein Gehrock und Hosen. Des Weiteren zehn Paar Schuhe.

Ein Überseekoffer. Er war leer.

Ein Reisekoffer, ebenfalls leer.

Eine Reisetasche, in der sich ein schmaler Revolverkasten befand. Auch er war leer. Im Zimmer war der Revolver nicht auffindbar. Die halb herausgezogene Schublade eines antiken Sekretärs war mit verschiedenen Medikamenten vollgestopft, mit Schmerz- und Schlafmitteln in Schachteln und Röhrchen.

Auf dem Boden zwei leere Röhrchen Sonéryl und ein umgekipptes Wasserglas. Eine Wasserflasche.

Zwei leere Röhrchen. Vierundzwanzig Tabletten.

Gleich daneben, auf dem Bauch liegend, das rechte Bein angewinkelt, wie schlagartig zusammengebrochen, der leblose Körper des Jean-Paul Durand. Er war mit einem weißen knielangen Nachthemd sowie mit schwarzen Strümpfen bekleidet. Der Tote war von normaler Statur, mit ausgeprägten Muskeln und Fettpolsterung. Die Hautfarbe deutlich blass. Die Totenstarre hatte vor Kurzem eingesetzt.

»Zwischen zwei und fünf Uhr diese Nacht«, sagte Dottore Mattei und notierte den Todeszeitpunkt. »Grob berechnet.«

Es war Freitag, der 14. Juli des Jahres.

Es war 10.45 Uhr.

Es war sonnig, und die Temperatur lag bei achtundzwanzig Grad.

Dottore Mattei kniete neben dem Toten.

»Ich habe es schon nach meiner ersten Behandlung prophezeit. Drogen, ein Drogentod. Das war auch an einem Wochenende. Da hatte er sich mit dem Rasiermesser geschnitten.« Er hob den Arm des Toten an. »Das ist gut verheilt. Er hatte gesundes Fleisch.«

Commissario Fanfani stieg um ihn herum und zog die Vorhänge vollständig zurück. Er öffnete die Balkontür.

Fanfani brauchte Licht.

Fanfani brauchte Luft.

Der Dottore dünstete Schwaden von Alkohol aus.

Fanfani glaubte nicht raten zu müssen, wo er bis tief in die Nacht gezecht hatte. Der Dottore war ein enger Freund des Hoteldirektors und seiner Familie, und der Herr Direktor hatte gestern Abend zu einem Bankett geladen. Zu Ehren der Heiligen Rosalia, zu Ehren des Luftwaffengenerals Balbo, Herrscher über den weltumspannenden Himmel. Der Held des faschistischen Italiens.

Fanfanis Verehrung für ihn hielt sich in Grenzen.

Er hatte gestern Abend gelesen. Er las seit Wochen in der »Göttlichen Komödie«, einer äußerst lehrreichen Schrift. Nach dem Feuerwerk hatte er sich schlafen gelegt.

»Bist du über Nacht im Hotel geblieben?«, fragte er.

Der Dottore sah verwundert zu ihm auf.

Er sah in das glatte, ebenmäßige Gesicht des Commissario. Sein Haar war kurz geschnitten, die Ohren allerdings standen ein wenig ab. Commissario Fanfani war im Norden der Insel aufgewachsen, in einem kleinen Bergdorf. Der Großvater, Bürgermeister des Ortes und ein Mann mit vielen Verbindungen, hatte sich seiner angenommen, sich darum gekümmert, dass er zur Schule ging und in der Hauptstadt als Schreiber bei der Polizei eingestellt wurde. Fanfani hatte Schulungen besucht und Unterstützung erhalten. Er hatte sich zügig hochgearbeitet. Auf Kosten seines Privatlebens. Fanfani war siebenunddreißig Jahre alt und lebte allein. Keine Ehefrau, keine Geliebte teilte das Bett mit ihm.

»Im Hotel? Wie meinst du das? Was hat das mit diesem Toten zu tun?«

»Du könntest etwas Ungewöhnliches bemerkt haben.«

»Was soll ich bemerkt haben?! Von etwas, was sich hinter geschlossenen Türen abspielt?!« Der Dottore war empört. Er musste husten. Es war ein krampfartiges Husten. Der Dottore war sich selbst kein guter Arzt.

Fanfani schenkte ihm ein nachsichtiges Lächeln.

»Richtig«, sagte er beschwichtigend. »War die Tür zu diesem Zimmer verschlossen? Wer hat noch mal den toten Gast entdeckt?«

»Zum Teufel! – Lucio, frag Lucio! Lucio hat mich gerufen! Ich war zu Hause! Zu Hause, Commissario! Ich musste mich ... das geht dich gar nichts an! Der Fisch war furchtbar! Lass mich meine Arbeit machen ...«

Lucio Toretta wartete in der Nische am Fahrstuhl unter einem Porträt von Richard Wagner. Er war übernächtigt, er war verkatert. Er rauchte mit kurzen, hastigen Zügen und trank Wasser aus einer Literflasche.

»Du musst verstehen«, sagte er. »Es sind noch nicht alle wieder auf ihrem Posten. Das Fest – es ist ausgeufert. Teures Geschirr wurde zerschlagen, es wurde auf die Leuchter und in die Decke geschossen. Wer zahlt mir das? Der Duce? Ha!« Er schnaubte bitter. »Die letzten Gäste sind erst im Morgengrauen gegangen. Es musste noch aufgeräumt werden. Ich habe nur ein paar Stunden im Büro schlafen können. Gigi hat mich wachgerüttelt. Er hat den Herrschaften auf 224/226 das Frühstück servieren wollen, und die Tür zum Zimmer 224 stand halb offen. Gigi hat den Herrn am Boden liegen sehen ...«

»Das soll er mir selbst erzählen. – Wo ist er?«

»Irgendwo im Haus, denke ich«, sagte Toretta. »Ich hoffe inständig, dass er nicht schon zu seinem Cousin gelaufen ist. Der schreibt für die Zeitung. Herr im Himmel, Commissario – das ist ein Skandal! Der gute Ruf des Hauses ist hin! Was wirst du jetzt unternehmen?«

Gigi hastete auf die Terrasse. Die Polizia war im Haus, und Gigi mochte die Polizia nicht. Er mochte ihre Fragen nicht, und die Schläge mit dem Stock schon gar nicht. Für die Polizia gab es keine Unschuldigen. Das war eine der Erfahrungen, die Gigi im Laufe seiner jungen Jahre mit der Polizia gemacht hatte, die nachhaltigste.

Er rückte eine der Liegen in den Schatten.

Das Geräusch löste einen unwilligen Laut von einer dicht an der Mauer stehenden Liege aus.

Gigi wirbelte herum.

Er sah Pierre. Pierre starrte ihn an, schüttelte sich und rieb sich das Gesicht.

»Pierre! Verdammt, du hast mich erschreckt! Was machst du hier? Seit wann bist du zurück ...?«

»Ich muss zum Monsieur«, sagte Pierre. Er stemmte sich hoch. »Die Fähre ... du glaubst nicht, was ich alles erlebt habe. Im Zug hat man eine Diebin verhaftet ... und bei der Fähre, das war ein Tumult ... ich bin zwischen die Fronten geraten ... der Monsieur wird ...«

»Der Monsieur ist tot.«

»Was ...??!!«

»Gestorben, diese Nacht gestorben. Die Polizia schnüffelt überall herum.«

»Gigi ...!«

»Er soll zu viele Tabletten genommen haben. Aber der Commissario ... ich kenn ihn! Er sieht nicht gerade so aus, aber er ist ein scharfer Hund. Du solltest ihm besser nicht in die Arme laufen.«

»Aber ... aber warum? Gigi, ich verstehe nicht ...«

»Glaub mir einfach. Warum hast du denn nicht in deinem Zimmer geschlafen?«

Pierre schluckte.

Er blickte zu Boden. Er blickte zur Seite.

»Als ich ... als ich kam, war beim Monsieur noch Licht, aber es war ... es war jemand bei ihm. Da wollte ich nicht stören, und in meiner Kammer ... Gigi, ich hatte Angst! Überall waren Soldaten und haben mit den Mädchen ...«

»Du musst verschwinden«, sagte Gigi.

»... das war nicht schön.«

»Madame, ihr Name ist?«

»Aleksandra Wojcik.«

»Das ist ...?«

»Das ist polnisch. Meine Mutter stammte aus Polen. Mein Vater ist früh verstorben. Ich bin in Paris geboren.«

»Ihr Alter?«

»Alter ...?«

»Fürs Protokoll.«

»Sie schreiben ein Protokoll?«

»Ich mache Notizen. Wenn ich sie zusammengefasst habe, bekommen Sie es zur Überprüfung und Unterschrift vorgelegt.«

Eine Pause. Einige Sekunden vergingen.

Die Madame wandte Fanfani ihr Profil zu. Sie saß im Sessel ihres Zimmers, hatte die Beine übereinandergeschlagen. Vor Kurzem erst war sie erschienen, auf dem Flur, vom Fahrstuhl her. Der Direktor gestikulierend an ihrer Seite.

»Ich bin am 13. Februar geboren«, sagte sie jetzt. »1891, mit dem Verstorbenen ... mit Paul, mit Jean-Paul Durand bin ich seit zehn Jahren eheähnlich verbunden.«

»Das heißt? Ich meine – eheähnlich?«

»Wir teilen unseren Alltag, wir reisen zusammen, wir sind sehr vertraut miteinander, aber wir haben keine gemeinsame Wohnung, und wir sind nicht getraut.«

»Ich kenne so etwas nicht, entschuldigen Sie. Sie haben hier getrennte Zimmer.«

»Paul war krank. Ein Nervenleiden. Er hatte Schmerzen. Er brauchte seine Ruhe. Er ...« Sie stockte, verbarg ihr Gesicht hinter den Händen. Ein Schluchzen war zu vernehmen, Madames Schultern zuckten. Fanfani wusste nicht, was er notieren sollte. Er öffnete die Tür zum Flur und bat um Wasser.

Angelo stand rauchend hinter seinem Pult. In der Halle hielten sich keine Gäste auf. Auch keine *Freunde.*

Das Wasserspiel plätscherte.

Vogelgezwitscher war zu hören.

Die Sonne schien. Die Stadt belebte sich allmählich wieder.

Angelo sah, dass zwei Träger die Bahre mit dem toten Gast durch die Halle nach draußen trugen. Ein Carabinieri begleitete sie.

Angelo zündete sich an der heruntergerauchten Zigarette eine neue an. Er dachte darüber nach, was er dem Commissario sagen sollte. Was er ihm sagen konnte, ohne Gefahr zu laufen, sich in Schwierigkeiten bringen. Seine Hände zitterten. Seine Kehle war staubtrocken.

Pierre folgte Gigi durch das von engen Gassen durchzogene Viertel am Meer. Läden und kleine Handwerksbetriebe reihten sich aneinander. Haushaltsgeräte, Ventilatoren, Olivenöl und Wein, eine Bäckerei, ein Schuster, ein Friseur, ein Geschäft mit Hochzeitskleidern.

Hier waren schon jede Menge Menschen unterwegs, erledigten die täglichen Einkäufe, etliche noch deutlich gezeichnet von den Feiern in Lokalen und auf öffentlichen Plätzen. Zwei junge Frauen blieben stehen und blickten den Vorbeieilenden nach. Die beiden liefen durch eine steinerne Toreinfahrt auf einen Innenhof, umgeben von zum Teil verfallenen Gebäuden.

Gigi blieb stehen und stieß einen scharfen Pfiff aus.

Im obersten Stock eines Hauses zeigte sich eine Frau am Fenster.

»Meine Schwester«, erklärte Gigi. »Sie hat Platz.«

»Wir haben das Abendessen auf dem Zimmer zu uns genommen«, sagte die Madame. Sie sagte es mit deutlich distanzierter Stimme, sie schaute zum Balkon.

»Monsieur konnte jeglichen Festivitäten nichts abgewinnen«, sagte sie. »Gigi hat uns bedient.

Gigi war immer für uns da. Ein angenehmer junger Mann. Monsieur war sehr von ihm angetan.«

Gigi! Wo steckte dieser Bursche nur?

Fanfani wartete darauf, dass die Signora weitersprach. Sie schien angestrengt nachzudenken.

»Gigi hat so gegen acht das Geschirr abgeräumt. Er war in Eile. Er werde im Saal gebraucht, sagte er. Aber wenn wir noch Wünsche hätten ... Monsieur ist in sein Zimmer gegangen. Er hat die Zwischentür hinter sich geschlossen. – Das irritiert Sie?« Sie blickte Fanfani herablassend an. »Monsieur arbeitete. Er las, er schrieb viel, er skizzierte Ideen, zukunftsweisende Ideen, er entwarf neue Welten und ...« Ihre Stimme verhärtete sich. »Wie schon gesagt, das strengte ihn über alle Maßen an, darunter litt er. Die Medikamente halfen immer nur kurzfristig.«

»Ich verstehe«, sagte Fanfani. »Monsieur hat sich also zurückgezogen, und Sie ... wann sind Sie zu Bett?«

»Ich bin dann später für ein paar Stunden nach unten in den Saal gegangen und habe etwas getrunken. In einer Runde von ... ich glaube, ein etwas beleibter Herr sagte, er sei in der Stadtverwaltung tätig. Nach dem Feuerwerk habe ich noch einmal nach Paul gesehen.«

Sie schloss die Augen, rieb sich die Stirn.

»Und?«

»Er lag im Bett. Er schlief.«

»Die Betten waren unbenutzt«, sagte Fanfani.

»Dann wird er auf den Decken gelegen haben. Ich habe kein Licht gemacht. Ist das nicht auch egal? Es ist traurig genug ...«

»Ja.« Fanfani nickte. Er nickte noch einmal.

Er dachte nach.

»Als Sie heute früh Ihr Zimmer verließen, haben Sie da auch nach ... nach Monsieur Durand gesehen?«

»Ich war in Eile«, sagte die Madame. »Ich wollte um sieben in der Kathedrale sein. Ich war der irrigen Annahme, dass heute die Prozession sei.«

Fanfani notierte.

»Die Prozession ist immer samstags«, sagte er.

»Ich sage ja, ich habe mich geirrt.«

Fanfani beschloss, seine Befragungen vorerst zu beenden.

In der Halle kam Angelo hinter seinem Pult hervor. Er war nervös. Er wusste nicht, wie er beginnen sollte.

»Commissario«, sagte er, »Commissario ...«

»Ja?«

»Commissario ...«

»Ja, was ist? Um was geht es denn?«

»Commissario ... ich muss es Ihnen sagen, es ist ...« Angelo zündete sich eine Zigarette an, nahm einen Zug.

»Was? Was denn?«

»Ein Versäumnis. Ein Versäumnis meinerseits. Monsieur Durand, er ... er hat es ... er hat es auf seine Rechnung setzen lassen. Es wurde nicht gesondert ausgewiesen, ich bedauere das sehr, angesichts des tragischen Vorfalls ...«

»Ja, was denn nun?«

»Ein guter Freund des Verstorbenen, ein Kriegskamerad, er hat ihn hier untergebracht, auf Zimmer 303, ich hab ihn seitdem nicht mehr gesehen ...«

HINWEISE

Die Tür zu Zimmer 303 war verschlossen. Fanfani klopfte. Fanfani klopfte kräftiger und rief: »Signore! Signore! Bitte öffnen Sie!«

Keine Antwort, keine Reaktion.

Hinter der Tür blieb es still.

Fanfani und Angelo wechselten einen Blick.

Angelo versuchte, mit dem Generalschlüssel aufzuschließen. Der Schlüssel blieb stecken.

Fanfani prüfte die Tür.

»Wenn wir uns beide dagegenwerfen …«

»Das … das kann ich nicht verantworten. Nicht gegenüber Direktor Toretta.«

»Darum kümmere ich mich. Der Mann kann ein wichtiger Informant sein. Jedenfalls, was die Person des Toten anbelangt«, sagte Fanfani und signalisierte Angelo, ihn zu unterstützen.

Angelo musste sich überwinden.

Beim zweiten Anlauf sprang die Tür auf, und die beiden stolperten ins Zimmer.

Es war leer. Es war kleiner als die von Durand und Madame belegten, aber vergleichbar ausgestattet. Auch hier zwei auseinanderstehende Betten, beide nicht benutzt. Die Balkontür stand weit offen.

Fanfani betrat den Balkon. Als er das eng an der Fassade emporrankende Grün und die zahlreichen abgeknickten Zweige darin bemerkte, hatte er keine Fragen mehr nach dem Verbleib des *Kriegskameraden*. Vorerst nicht.

Serge betrat die Post, kurz bevor sie über Mittag schloss. Er sah sich unbeobachtet. Serge gab ein Telegramm auf. Es war an den Neffen in Paris gerichtet. Serge schrieb: *Monsieur in der Nacht verstorben. Polizei ermittelt. Behalte Madame im Auge. – S.*

Der Beamte versicherte ihm, dass es spätestens am nächsten Tag dem Empfänger zugestellt werde.

Serge dankte, er zahlte und zündete sich eine Zigarette an. Rauchend schlenderte er zum Markt, sein Herz immer noch von tiefster Traurigkeit erfüllt.

Fanfani brach ein Stück Brot ab und beugte sich über den Oktopussalat. Ein Schatten fiel auf ihn.

»Nino«, sagte Fanfani.

»Gut erkannt«, sagte Manzella. Er schlug Fanfani auf die Schulter, lachte und setzte sich zu ihm.

»Ich hab dich vorhin schon gesehen«, sagte Fanfani. »Auf dem Weg hierher. Du warst drüben bei der Fähre.«

»Du bist im Dienst.«

Fanfani zuckte die Achseln, tunkte sein Brot in die Limonen-Knoblauch-Marinade, aß einen Bissen. Es war sein Stammlokal, eine Bretterbude am Hafenkai mit einer zementierten Terrasse. Die Nonna kochte, und sie kochte hervorragend.

»Ich mache Mittag«, sagte er. »Zu leider schon sehr vorgerückter Stunde.«

Manzella winkte die Nonna heran und bestellte eine Flasche Weißen. Er zündete sich eine Zigarette an, lehnte sich breitbeinig zurück.

»Man hört von einem Todesfall im Palmes«, sagte er.

»Von wem hast du es?«

»Angelo.«

»Angelo«, wiederholte Fanfani, »das hat er nicht erwähnt.«

»Er bemüht sich, in unseren Kreis aufgenommen zu werden«, sagte Manzella. »Er ist eifrig, aber das reicht nicht für unsere Familie. Dich, Commissario, dich rechnen wir dazu. Dein Großvater ist ein bedeutender Mann.«

»Er hat Einfluss, ich habe keinen.«

»Du hast den toten Franzosen. Er war berühmt.«

Fanfani schwieg einen Moment lang.

»Tabletten«, sagte er dann. »Zu viele Tabletten. Unabsichtlich nach Meinung des Dottore!«

Manzella stieß den Rauch aus, sah ihm nach, wie er in der Luft zerfaserte.

»Der Dottore ist ein Idiot«, sagte er. »Hast du schon mit dem Fahrer gesprochen?«

Als Gigi zurück in die Küche wollte, fing Angelo ihn ab und hielt ihn fest im Griff.

»Wo hast du dich rumgetrieben? Der Commissario kommt gleich wieder zurück! Wag nicht, dich noch einmal davonzumachen. Also?«

»Was willst du?«

»Wo warst du? Mit wem hast du gesprochen? Über den Gast, über uns, das Hotel!«

»Nichts«, sagte Gigi. »Gar nichts!«

»Lüg mich nicht an! Ich sehe, dass du lügst! Ich kenn dich doch!«

Angelo sah, dass der Commissario die Halle betrat. Er ließ Gigi los. Gigi rieb sich den Arm.

»Weiß einer von euch, wo ich den Chauffeur des Verstorbenen finde?«, fragte der Commissario.

Auf dem überdachten Stellplatz hinter dem Hotel war kein Peugeot geparkt. Angelo setzte an, etwas zu sagen. Der Commissario stoppte ihn mit einer knappen Handbewegung. Er musste nachdenken. Er kratzte sich im Nacken, seine etwas abstehenden Ohren liefen rot an. Gigi blieb teilnahmslos.

Fanfani ignorierte das »Bitte nicht stören«-Schild an der Türklinke. Er klopfte an und trat ein.

»Das verbitte ich mir«, sagte die Madame. Sie saß an der offenen Balkontür und hatte die Beine hochgelegt. Sie blätterte in ihrem Notizbuch.

»Ich bitte um Entschuldigung. Was können Sie mir über diesen Kriegskameraden Ihres Begleiters sagen?«

»Sie meinen Monsieur? Monsieur war nicht im Krieg. Er hat lediglich an einigen Wehrübungen teilgenommen.«

»An was auch immer. Ihr Monsieur hat ihn hier einquartiert, auf der dritten Etage, direkt über Ihnen.«

»Davon ist mir nichts bekannt.«

»Das kann nicht sein«, sagte Fanfani und hob die Stimme. »Nein, das kann nicht sein! In einem Hotel … man begegnet sich zwangsläufig, und wenn nicht, warum sollte Monsieur Durand Ihnen verschweigen, dass er hier einen … einen Bekannten untergebracht hat? Gigi, der Zimmerkellner, hat mit ihm gesprochen, und Sie – nein, Madame, das kann ich nicht akzeptieren.«

»Wollen Sie mich beschuldigen? Mich verhaften? Weil Monsieur Heimlichkeiten hatte? Er hat viel vor mir geheim gehalten, das können Sie mir glauben! – Hören Sie, ich werde morgen abreisen und erwarte, nicht weiter behelligt zu werden.«

»Abreisen? Das ist unmöglich …!«

»Weil ich nichts zu irgendeinem dubiosen Gast dieses Hotels sagen kann?«

Fanfani atmete tief durch. Er fasste die Madame in den Blick, sah sie aus zusammengekniffenen Augen an. Er war wütend. Aber er durfte seine Wut nicht zeigen.

»Die Ermittlungen sind noch nicht abgeschlossen«, sagte er so kühl wie eben möglich. »Der Leichnam des Verstorbenen wird noch in der Gerichtsmedizin untersucht. Erst wenn sich eine möglicherweise erfolgte Straftat ausschließen lässt, kann ich die Akte schließen, und Sie ... Sie können dann reisen, wohin Sie wollen. – Wie sich aber gerade herausgestellt hat, ist Ihr Wagen entwendet worden und Ihr Fahrer – Pierre, ja? Auch er ist nicht aufzufinden.«

Kein Wagen. Die Madame biss sich auf die Lippe.

Der Commissario machte keine Anstalten, das Zimmer zu verlassen. Er wartete noch auf eine Reaktion.

In der Küche war man bei den Vorbereitungen für das Dinner. Der Commissario rief Gigi zu sich. Er ging mit ihm nach draußen in den für die Anlieferung von Lebensmitteln und Getränken frei gehaltenen Hof. Der Platz war von Palmen, hohem Gras und Gebüsch umgeben und konnte vom Personal in den Pausen genutzt werden. Es gab zwei roh gezimmerte Bänke, einen Tisch und eine offene Feuerstelle.

Abfall lag herum.

Zigarettenkippen und zerknüllte Packungen.

Zerbrochene Flaschen.

Verdreckte Servietten.

Hühnerknochen. Verstreute Grillasche.

Fanfani entdeckte ein benutztes Kondom. Er setzte sich mit Gigi an den Tisch. Gigi rutschte ein Stück zur Seite. Fanfani spürte die Abwehr des jungen Burschen.

»Eine merkwürdige Geschichte«, begann er. Er sprach mehr für sich, blickte dabei zu Boden. »Jetzt haben wir gleich zwei Männer, die vermutlich gut mit den Vorlieben und Eigenarten des Toten vertraut waren. Und beide sind verschwunden.« Er machte eine Pause. Von Gigi kam keine Reaktion.

»Du willst nicht reden«, sagte Fanfani.

»Hab ich doch schon.«

»Dann gehen wir es noch einmal durch. Du hast diesen Mann gesehen, als du die Einladungen für das Bankett verteilt hast.«

Gigi nickte.

»Nur dieses einzige Mal?«, fragte Fanfani nach.

Gigi nagte an seiner Lippe, zögerte.

»Kann sein ... kann sein, dass ...«

»Ja, was?«

»Als das Feuerwerk war, da war ich draußen, am Eingang, und im Foyer, ich meine, ihn da gesehen zu haben. Er ging in den Saal.«

»Während des Feuerwerks?«

»Es ging zu Ende«, sagte Gigi. Er stand auf. »Der Monsieur hat es mit den Tabletten übertrieben, das ist das Einzige, was ich bezeugen kann.«

EINE STRAFTAT?

Es war später Abend, als Gigi gemeinsam mit zwei Serviererinnen und dem Saucier das Hotel verließ. Jeder von ihnen hatte aus der Küche was mitgehen lassen. Gigi hatte für Pierre geschnittenen Schinken und Brot unter das Hemd gestopft. Er paddelte auf seinem Moped neben den anderen her. Die vier trennten sich auf der Hauptstraße bei den Pferdedroschken. Der Saucier ging in die Bar, vor der die Kutscher hockten, ihre Einkünfte zählten und sich einen kleinen Roten gönnten. Eine Serviererin nahm den ansteigenden Weg zur Oper. Die andere ging zu einem weiter vorn parkenden Wagen.

Gigi wollte starten.

Neben ihm verlangsamte ein Alfa seine Fahrt. Der Fahrer hupte. Er machte sich Gigi bemerkbar. Es war Manzella.

»Fahr mir nach«, rief Manzella. »Wir müssen reden.«

Gigi wusste, dass es sinnlos war, sich zu weigern. Und erst recht, vor Manzella davonzuknattern. Er wusste, wer Manzella war, auch wenn der sich nicht ständig in Palermo aufhielt, eigentlich schon ein *American* war.

Manzella gab Gas. Er fuhr bis an den Strand. Der Kiosk hatte noch geöffnet, eine Gruppe Halbwüchsiger lungerte herum. Manzella gab ihnen zu verstehen, sich zu verziehen. Er schnippte mit den Fingern. Der alte Mann in dem Häuschen stellte zwei Flaschen Bier auf den Tresen. Manzella nahm einen Schluck. Er musterte Gigi.

»Ich höre von Angelo, dass du oft mit dem Fahrer des Franzosen zusammen warst.«

»Nur kurz, ich muss ja ...«

»Du musst mir zuhören, ich war noch nicht fertig.«

»Entschuldigung.«

»Dieser Fahrer – Pierre, ja? Dieser Pierre ist letzte Nacht mit der Fähre angekommen. Der Hafenmeister hat ihn gesehen. Aber er ist nicht im Hotel aufgetaucht, war nicht in seiner Kammer. Angelo sagt, wenn jemand weiß, wo der Bursche steckt, dann ist es – na, wer wohl?«

»Angelo ... Angelo redet viel ...«

»Das wissen wir. Angelo redet wie der, mit dem er gerade spricht. Aber in diesem Fall ...«

»Ich weiß nichts.«

»Gigi – du weißt aber hoffentlich, wer ich bin.«

»Ja, ich ...«

»Ich kann sehr böse werden, wenn ich das Gefühl habe, dass man mich belügt oder mir was verschweigt.«

»Bestimmt nicht ...«

»Andererseits kann ich auch sehr großzügig sein – was deine Arbeit anbelangt und überhaupt.«

»Ich verstehe, ich verstehe. Ich werde … wenn ich was höre …«

Manzella gab ihm einen leichten Klaps.

»Das wirst du, das wirst du bestimmt. Daran zweifle ich nicht …«

Gigi sah sich immer wieder um, bevor er das Haus betrat, in dem seine Schwester wohnte. Er blieb noch eine Weile im Schutz der Mauer stehen, um sicher zu sein, dass ihm niemand gefolgt war. Dann nahm er im Laufschritt die Stufen in den vierten Stock.

Pierre richtete sich von dem Matratzenlager an der schadhaften Wand auf. Der Raum war nur noch mit zwei, drei alten Möbelstücken eingerichtet. Karg. Ärmlich, wie auch die beiden anderen Zimmer.

»Gigi, du musst mir jetzt alles sagen. Was passiert ist und … warum muss ich mich verstecken? Ich habe doch nichts getan. Ich war …«

»Was wollen die *Freunde* von dir, die Mafia …«

»Die Mafia …?«

»Ehrenmänner. Jeder hier kennt sie. Butera, Manzella – ihr habt mit ihnen gegessen. Manzella ist hinter dir her. Was will er von dir?«

Pierre zog unter seiner abgelegten Jacke einen großen Umschlag hervor.

»Monsieur … der Monsieur hat ihnen das verkaufen wollen. Die Baupläne für sein Wohnmobil.«

Gigi stieß einen Pfiff aus.

»Der Wagen, der dem Papst gefallen hat? Für wie viel?«

Pierre zuckte mit den Achseln.

»Es ist sein Vermächtnis, hat er gesagt.«

Am Samstagmorgen trank Fanfani wie jeden Tag in der dem Präsidium gegenüberliegenden Bar seinen Kaffee, aß ein Gebäckstück, rauchte und tauschte sich mit den Kollegen über die aktuellen Vorkommnisse aus. Niemand hatte es eilig. Was auch immer in der Stadt passiert war oder gerade geschah, wurde als nicht dringlich empfunden. Schlägereien, Belästigungen, Diebstähle. Es würde nichts ändern, wenn man in übermäßige Betriebsamkeit verfiel. Man war in der Hauptstadt, die Stadt war groß, und die Tage waren heiß. Der nach Fanfani Ausschau haltende Carabinieri schlenderte demnach auch gemächlich heran, obwohl ihm aufgetragen war, Fanfani dringend in die Gerichtsmedizinische zu schicken.

In dem kühlen Kellergewölbe trat Fanfani zu dem Gerichtsmediziner, einem von ihm hochgeschätzten älteren Mann, einem Professor, der aus politischen Gründen seine Arbeit in Rom beendet hatte und nach Palermo übergesiedelt war. Vor ihnen auf dem Tisch lag die abgedeckte Leiche des Jean-Paul Durand.

»Der Dottore des Hotels hatte mit seiner ersten Einschätzung recht«, sagte der Professor. »Dieser

Mann ist zweifellos an einer Überdosis diverser Schlaf- und Beruhigungsmitteln verstorben. Auffällig allerdings ist die – ich drücke es einmal salopp aus – wilde Mischung. Es ist so, als ob er wahllos verschiedene Medikamente geschluckt hat.«

»Mehr als das Sonéryl?«

»Ich kann sie hier nicht im Einzelnen bestimmen, aber es sind mehrere unterschiedliche Substanzen, mehr als ausreichend, ihn umzubringen.«

»Könnte man sie ihm gegen seinen Willen …?«

»Dazu gibt es keinerlei Hinweise.«

»Wäre aber möglich.«

»Es ist möglich, aber das musst du beweisen können. *Du,* mein Lieber. Ich kann dir da nicht helfen.«

Fanfani verzog das Gesicht.

Die Madame. Er musste noch einmal mit ihr reden. Der Professor hielt ihm sein Zigarettenpäckchen hin. Fanfani nahm eine. Sie rauchten.

»Aber etwas habe ich noch für dich«, sagte der Gerichtsmediziner. Er schlug das Tuch über dem Leichnam zurück und hob den Körper an. »Blutergüsse am Rücken und Gesäß, Striemen wie von einem Stock oder einem Brett …«

»Wir gehen zusammen«, sagte Gigi. »Ich weiß, wo wir Manzella antreffen. Dann sieht er auch gleich, dass *ich* dich dazu gebracht habe.« Er trank seinen Kaffee. Es ging schon auf Mittag zu. Sollten sie ihn doch im Hotel verfluchen, er dachte daran, dass Manzella großzügig sein wollte. Und selbst, wenn er es nicht war – er hatte getan, was man von ihm erwartete. Von einem Laufburschen. Einem kleinen Licht.

Pierre saß mit ihm am Tisch. Die Schwester war irgendwo in der Wohnung zugange. Sie hatte sich nicht groß um Pierre kümmern müssen. Wenn Pierre überhaupt etwas sagte, wiederholte er immer nur:»Ich will zurück, ich will weg von hier. Die Madame wird mir nie verzeihen.«

Gigi sagte nichts mehr dazu.

Es schlug Pierre kräftig auf den Rücken.

»Los jetzt«, sagte er. Er hauchte seiner Schwester einen Kuss auf die Wange. Sie erwiderte es mit einem Lächeln.

»Monsieur, oh, Monsieur ...«

Überrascht wandten sich die beiden zu Pierre um.

»... ich konnte doch nicht früher kommen, es tut mir leid, es tut mir so leid.«

Angelo wartete nicht, bis Fanfani bei ihm am Pult war. Er eilte ihm entgegen, fasste ihn am Arm.

»Gigi«, sagte er. »Gigi ist heute nicht zur Arbeit erschienen. Der hat was zu verbergen, Commissario, der weiß mehr, als er zugibt, Sie haben ihn doch verhört ...«

»Ist die Madame auf ihrem Zimmer ...?«

»Ich glaube ... ja, ich habe sie heute noch nicht gesehen.«

»Ich brauche einen Raum, in dem ich ungestört mit ihr reden kann.«

»Das ist ... der rote Salon, ja, das ... ich veranlasse das.«

»Kaffee, Wasser, beides reichlich, und einen Ascher«, ordnete Fanfani an und klatschte in die Hände. Für einen Moment empfand er es als äußerste Genugtuung, Befehle geben zu können.

Eine angespannte Atmosphäre. Gedämpftes Tageslicht.

Fanfani saß der Madame gegenüber. Die Madame fragte nicht, sie sagte nichts. Sie löffelte Zucker in ihren Kaffee, rührte ihn um. Sie legte den Löffel zurück auf den Unterteller, schaute auf die noch leicht dampfende Tasse.

Fanfani strich sich über das Kinn. Er hatte sich rasiert, er hatte sich kaltes Wasser ins Gesicht geworfen, in der Bar gefrühstückt, in der Gerichtsmedizinischen auf einen Leichnam geschaut, auf einen, den bisherigen Informationen zufolge, bedeutenden, vermögenden Mann.

Geld. Geld spielte immer eine Rolle. Bei allem.

Fanfani nickte sich selbst bekräftigend zu.

»Ja?«, vernahm er die Madame.

»Bitte ...?«

»Wollten Sie etwas sagen?«

»Ja«, sagte Fanfani. Er hüstelte. »Ich kann Ihnen mitteilen, dass sich die Todesursache Ihres ... Ihres Begleiters bestätigt hat. Er verstarb zweifellos an einer Überdosis.« Atemholen. »Hat er sich die Medikamente immer selbst zugeteilt? Können Sie mir dazu etwas sagen?«

Die Madame senkte den Kopf.

Sie bedeckte die Augen ...

Gigi steuerte das Moped über den staubtrockenen, holperigen Pfad, bemüht, die Grasnarben zu umfahren. Pierre klammerte sich an ihn. Der Hafen lag vor ihnen.

Die Kaimauer.

Auf dem Gelände dahinter einige hohe Kräne, Schuppen und Lagerhallen. Sie näherten sich einer der größeren Hallen. Sie war mit einem Maschendrahtzaun umgeben. Auf das schräge Dach waren in grün-weiß-roten Buchstaben die Worte Butera Olive Company gemalt. Am Dachfirst zwei Scheinwerfer. Einer war auf die Zufahrt gerichtet.

Gigi bremste sein Moped ab.

»... in Paris war ich nicht immer an seiner Seite, wie schon gesagt, wir waren nicht jeden Tag zusammen«, sagte die Madame. »Auf der Reise hierher ... er unterlag wechselnden Stimmungen. Ich habe darauf geachtet, was er an Medikamenten in verträglichen Dosierungen zu sich nahm und zudem eine Liste erstellt. Ich kann sie Ihnen vorlegen. Sie ist in meinem Zimmer ...« Sie machte Anstalten, sich zu erheben.

»Danke«, sagte Fanfani. »Dazu komme ich noch ...«

Angelo war im Hinterraum der Rezeption, hatte den Telefonhörer am Ohr. Er telefonierte mit Manzella.

»... es ist«, flüsterte er, »es ist vielleicht wichtig, ich will es ... ihr sollt es nur wissen, ich informiere euch über alles. Ihr könnt euch auf mich verlassen. Gigi ... Gigi ist heute nicht zur Arbeit erschienen ...«

»… seit unserer Ankunft wurde das Leben mit ihm schwieriger. Das ungewohnte Klima machte ihm zu schaffen, er … er fand keinen Schlaf, der Lärm von der Straße bis spät in die Nacht … Sie kennen das nicht anders, aber selbst für jemanden aus Paris ist es unerträglich«, sagte die Madame. »Er hat sich abgekapselt und nur noch … ja, nur noch Pierre zu sich gelassen.«

»Ihren Chauffeur?«

»Seinen Chauffeur«, betonte sie. »Er hat ihn eingestellt.«

Fanfani runzelte die Stirn.

»Was hat es mit ihm auf sich? Er ist bisher nicht wieder aufgetaucht.«

Die Madame zog ein Tüchlein hervor, tupfte über die Augen.

»Das wird er wohl auch nicht mehr«, sagte sie.

Fanfani hob die Augenbrauen.

Gigi betrat mit Pierre die Lagerhalle. Etwa ein Dutzend junge Frauen und Männer rückten große Kanister Olivenöl zusammen, stapelten sie brusthoch am Lagertor, gaben Kommandos und scherzten miteinander. Gigi wurde erkannt, lautstark begrüßt.

Butera kam aus seinem Büroverschlag. Er trug einen grauen Kittel über dem offen stehenden Hemd, im Mundwinkel klebte eine Zigarette, in der Hand ein Klemmbrett.

»Ist Signore Manzella zu sprechen?«, fragte Gigi. »Ich soll mich bei ihm melden.«

»Er telefoniert. Um was geht es? – Ah, ich seh schon. Der gute Pierre!« Er ging auf ihn zu, streckte die Hand aus.

»... ich habe es bemerkt, natürlich habe ich es bemerkt. Es ließ sich ja auch nicht verheimlichen. Pierre konnte jederzeit zu ihm, selbst nachts noch. Er hat ihm vorgelesen, hat ihm frisches Wasser gebracht, Wein und Spezereien ... nein, woher sollten Sie das auch wissen? Sie haben stundenlang zusammengehockt, und Pierre wird ihn auch ... er wird ihn auch gebettet haben.«

Fanfani saß da, saß ihr gegenüber.

Sein Blick ruhte auf ihr.

»Ja, das musste ich verkraften.« Sie atmete tief durch. »Pierre – er war hinter seinem Geld her. Warum ist er wohl verschwunden? Monsieur hatte ihn beauftragt, bei seinem Neffen in Paris einen größeren Geldbetrag abzuholen. Wir wollten noch weiterreisen, in die Schweiz ... ich kenne die genaue Summe nicht, aber 25.000 oder auch 30.000 werden es sein ... Pierre, der ach so fürsorgliche Pierre! Ich sage Ihnen ...«

»Halten Sie es für möglich, dass es dabei auch zu gewalttätigen Handlungen kam?«

»Gewalt ...?«

»Bei der Obduktion wurden Blutergüsse auf Rücken und Gesäß festgestellt.«

Fanfani riss ein Streichholz an. Deckte die Flamme ab und entzündete seine Zigarette. Er ließ dabei die Madame nicht aus den Augen. Er registrierte, dass sie kaum merklich zusammenzuckte. Fanfani blies den Rauch zur Decke hoch.

Die Madame schwieg.

»Haben Sie dafür eine Erklärung?«, fragte Fanfani nach.

»Du kannst gehen«, sagte Manzella zu Gigi. »Wir reden dann noch.«

Gigi nickte. Er zog sich zurück, langsam, mit kleinen Schritten. Butera legte den Arm um Pierre, Manzella klopfte ihm leicht auf die Schulter.

Pierre sah Gigi nach.

Gigi wandte sich zu ihm um.

Ihre Blicke trafen sich.

Gigi nickte aufmunternd.

In Buteras Büroverschlag ließen die Partner Pierre Platz nehmen. Sie boten ihm amerikanische Zigaretten an, waren freundlich und sprachen so, dass Pierre sie verstand.

»Ich denke, du hast etwas für uns«, sagte Butera.

»Ja – ja«, sagte Pierre. Er zog die zusammengefalteten Konstruktionspläne aus der Tasche, behielt sie in der Hand. »Es war ein Brief an den Monsieur dabei. Er sollte dafür einen … einen angemessenen Betrag erhalten.«

Manzella wechselte mit Butera einen Blick.

Butera lehnte sich auf seinem Stuhl zurück, schaute zur Decke hoch, sah Pierre dann an.

»Signore Durand ist tot.«

»Das … das weiß ich.«

»Wir haben ihn bezahlt – vorab sozusagen.«

»Das … das haben Sie? Als Sie … als Sie bei ihm waren?«

»Wir waren bei ihm?«

»Ja, bei ihm im Zimmer. Als ich … als ich vom Schiff kam, habe ich es gesehen …«

»He!«, sagte Manzella. »Überleg dir, was du sagst!«

»Ich sag doch nur …«

»Nichts, du sagst gar nichts mehr. Du wirst nichts mehr sagen«, sagte Manzella. Er wechselte mit Butera einen Blick. Butera nickte zustimmend.

ABREISE

Es war Sonntag, der 16. Juli 1933. Der Himmel war klar, stahlblau und wolkenlos. Die Temperatur stieg schon in den Vormittagsstunden auf über dreißig Grad. Das Fest zu Ehren der Heiligen Rosalia ging zu Ende. Einige Besucher verließen bereits die Insel. Auch die Faschisten trotteten in kleinen Gruppen zur Fähre. Am Billetthäuschen standen zwei Carabinieri. Sie trugen Revolver und Gewehre. Sie schienen gelangweilt zu sein. Sie standen dicht beieinander, rauchten und sprachen darüber, wie sie den Abend zuvor verbracht hatten. Hin und wieder warfen sie einen Blick auf die Personen, die an ihnen vorüber zur Fähre gingen. Sie hatten den Auftrag, einen jungen Franzosen namens Pierre Roché festzunehmen. Aber allzu ernst nahmen sie die Sache nicht.

Angelo zuckte erschrocken zusammen. Wie aus dem Nichts stand Manzella vor ihm an der Rezeption.

»Oh, Nino, das ist … was kann ich für dich tun? – Du weißt es noch nicht«, plapperte er gleich weiter, griff nach seinen Zigaretten, »aber es war der

Chauffeur, der junge Franzose, Pierre heißt er, Fanfani lässt ihn suchen.«

»So? Tut er das?«

»Aber sicher. Der Bursche hat den Monsieur bestohlen. Fanfani hat Zeugen. Oh, er wird ihn sich vornehmen, da kann man sicher sein, ich hab ihm vom ersten Moment an nicht getraut und ...«

»Ruf Gigi!«

»Gigi? Du ... wie, was ...?«

Manzella trommelte ungeduldig auf den Tresen.

»Ist er nicht im Haus?«

»Er ist ... doch, ja. Aber er ... ah, du denkst, Gigi weiß etwas über den Franzosen.« Er lächelte ein schiefes Lächeln. »Weil ich dir gesagt habe, die beiden stecken unter einer Decke. Ja, ja, so ist es. Eigentlich gehört er auch hinter Gitter.«

»Angelo«, sagte Manzella, »tu, was ich dir sage! Und behalte für dich, was du dir so zusammenreimst.«

Fanfani kam aus dem Büro des Polizeipräsidenten. Der Präsident war Parteimitglied und versicherte sich bei allem, was er tat oder entschied, was man in Rom dazu meinte. So formulierte er es auch gegenüber seinen Mitarbeitern: Rom empfiehlt ... Rom rät dringend davon ab ... Rom verweist ... Rom hat keine Einwände ...

Fanfani hielt ein Telegramm in der Hand.

Es beinhaltete die offizielle Stellungnahme zum »Tod des französischen Staatsbürgers Jean-Paul Durand, geboren am 20. Januar 1877 in Paris«.

Als Gigi im Foyer erschien, nickte Manzella ihm nur kurz zu und wandte sich wieder an Angelo.

»Gigi«, sagte er. »Gigi beendet seine Arbeit hier im Hotel. Er wird bei uns in der Firma arbeiten, das hat er sich verdient, und wir honorieren es entsprechend. – Gigi, musst du noch was mitnehmen?«

»Jacke, Hose und Schuhe.« Er zog schon die rote Hoteljacke aus.

Auf dem Weg zu Manzellas Wagen blieb Gigi abrupt stehen.

»Pierre«, sagte er. »Pierre ist nicht zurückgekommen.«

Manzella blieb ebenfalls stehen, blickte sich um.

»Gigi«, sagte er dann. »Wir haben lange mit Pierre gesprochen, waren mit ihm essen, wir haben den ganzen Abend mit ihm verbracht.« Er legte Gigi die Hand auf die Schulter und brachte ihn dazu, mit ihm weiterzugehen. »Wir mussten ihm ausführlich erklären, wie unsere Absprache mit dem … mit dem nun bedauerlich verstorbenen Monsieur war. Der Monsieur hatte einen Wunsch, ein großen Wunsch. Er war bereit, alles zu geben, wenn er den Schrein der Heiligen Rosalia betrachten könne. Ganz allein für sich, allein mit der Reliquie. Das haben wir ihm ermöglicht, und er überließ uns dafür … nun ja, du weißt es, die Pläne für den Bau seines Automobils.«

»Das wusste Pierre nicht?«

»Er wollte davon nichts wissen. Er wurde ein wenig ausfällig.«

»Ja – ja, und dann?«

»Wir sind keine Unmenschen«, sagte Manzella. »Wir haben ihm einen kleinen Betrag gezahlt. Er wird ihn vertrunken haben.«

»Sie meinen ...?«

»Gigi, wir sind dann gegangen. Wir haben ihn in diesem Lokal zurückgelassen. Wenn er wieder auftaucht ...«

»Fanfani ist hinter ihm her!«

Manzella machte eine knappe Geste.

»Fanfani. – Fanfani weiß, was er zu tun hat.«

Fanfani sagte es ungern.

»Der Leichnam des Monsieur Durand ist offiziell freigegeben. Die Pariser Behörde ist informiert«, sagte er.

Die Madame saß an ihrem Sekretär. Sie schloss ihre prall gefüllte Handtasche. Sie legte sie beiseite.

Madame blickte Fanfani an. Sie wartete.

Fanfani erwiderte ihren Blick. Er schwieg.

Madame seufzte.

»Waren Sie erfolgreich?«, fragte sie.

»Sie können jederzeit abreisen«, sagte Fanfani.

»Sie haben Pierre nicht geschnappt!« Madame stand auf. Sie machte deutlich, dass sie verärgert war.

»Und wer übernimmt die Kosten?«, fragte sie dann.

»Welche Kosten?«

»Die Kosten für die Überführung von ... des Leichnams.«

Fanfani zupfte an seinem Hemd, Schweißflecken zeichneten sich unter den Achseln ab. Er deutete eine knappe Verbeugung an.

»Als dem Verstorbenen nahestehende Person ...«

»Danke«, fiel ihm Madame ins Wort. »Besten Dank für Ihr Mitgefühl. Ihr Italiener seid wirklich großherzige Menschen«, sagte sie und wünschte den Mann zum Teufel.

Gigi saß im Schatten der Lagerhalle der Butera Olive Company am Meer. Er rauchte, er trank in kleinen Schlucken Bier aus der Flasche. Alles jugendlich Frohe war aus seinem Gesicht wie weggewischt. Er rauchte und er trank, und seine Gedanken waren düster. Pierre würde nicht wieder auftauchen. Das war ihm klar geworden, und ihn hatten sie mit einer etwas besseren Arbeit im Lager und einem etwas besseren Lohn ruhiggestellt. Sein Schweigen erkauft. Er schleuderte die leere Bierflasche weit über die Klippen ins Meer.

Die Madame klingelte nach dem Service und packte weiter ihren Koffer. Die Verbindungstür zu Zimmer 224 war weit geöffnet. Der Schrankkoffer stand mitten im Zimmer. Auf den Betten lagen Durands Anzüge, lag Unterwäsche, lagen Trikots und Hemden. Eine Reisetasche war mit Büchern gefüllt.

Es klopfte an der Tür.

»Ja!«, rief Madame.

Eine junge Serviererin betrat das Zimmer.

»Sie wünschen?«, fragte sie.

Madame drehte sich überrascht zu ihr um.

»Gigi – ich benötige Gigis Hilfe.«

»Entschuldigung«, sagte die Serviererin, »aber Gigi ist ... er hat aufgehört.«

»Wie ... was ... mit was aufgehört?«

»Er arbeitet nicht mehr hier. Er hat gekündigt.«

»Ha!«, schnaubte Madame. »Gekündigt! Dann sag an der Rezeption Bescheid. Dann soll Angelo sich um Monsieurs Sachen kümmern. Das wird alles zu viel für mich.«

Fanfani saß auf der zementierten Terrasse seines Lieblingslokals mit Blick auf den Hafen, die Fähre und den soeben vor Anker gegangenen Frachter nach Übersee. Er hatte getan, was er tun konnte. Mehr war nicht möglich. Zufrieden war er nicht. Er trank den herben, heimischen Weißen, rauchte und wartete auf das Kaninchenragout, ein Sonntagsgericht. Am Horizont stand die rot glühende Sonne knapp über dem Meer, einem sehr ruhigen Meer.

Mit knirschenden Reifen rollte ein Wagen heran und hielt vor dem Lokal. Ein Alfa. Fanfani seufzte.

Aus dem Alfa stiegen Manzella und Butera. Sie waren beide äußerst elegant gekleidet, mit weit geschnittenen Jacketts, geöffneten Hemden und Fedoras. Sie lüfteten kurz die Hüte.

Butera fragte, ob man mit am Tisch Platz nehmen dürfe. Was sollte man dagegen haben? Es waren angesehene und ehrenwerte Männer, und man kannte sich.

Die Nonna streckte ihren Kopf durch das Küchenfenster und verkündete, noch weitere Portionen Ragout auf dem Herd zu haben. Die Herren lehnten dankend ab, orderten aber Wein und Kaffee.

»Ein angenehmer Abend«, begann Butera.

»Erholsam nach der ganzen Feierei«, sagte Manzella. Er zündete sich eine Zigarette an, nickte zu dem Frachter hin. »Aber morgen beginnt wieder das übliche Tagwerk. Eine Lieferung nach New York, und in zehn Tagen schon die nächste.«

»Ja, die Geschäfte gehen gut.«

Sie hoben die Gläser. Sie stießen an.

Sie tranken.

»Commissario«, sagte Butera, »wir trinken gern mit dir, aber das ist nicht der Grund, warum wir den Weg zu dir gemacht haben.«

»An einem Sonntag.«

»Wir sollten bei unseren Familien sein.«

»Bei unseren Liebsten.«

»Du sagst es.«

»Aber wir haben gehört, dass du den Chauffeur suchst.«

»Den Franzosen.«

Fanfani nickte.

»Ja«, sagte er. »Ja, er stand unter Verdacht, aber mein Vorgesetzter, der Polizeipräsident, hat sich an Rom gewandt, und dort ist man der Meinung: ›Was schert uns ein verstorbener Franzose, sorgt euch lieber um den Kreis der Freunde.‹ Das ist die Parole des Duce, der soll entsprochen werden. Mit Nachdruck, muss ich noch mehr sagen?«

»Ich verstehe«, sagte Butera.

»Danke«, sagte Manzella. »Danke für den Hinweis. Sie ziehen also scharf.«

Der Morgen graute. Der Kai war menschenleer. Ein klappriger Lieferwagen tuckerte zum Anleger der Fähre Palermo–Genua. An Bord stand ein Bootsführer bereit. Ein weiterer Mann stieg aus dem Maschinenraum. Er trug einen etwas zu weiten Overall und eine Strickmütze. Es war Serge.

Die beiden nahmen vom Fahrer und seinem Kollegen einen schlichten Zinksarg entgegen. Sie wechselten noch ein paar Worte. Dann fuhren die Zubringer ab, und der Bootsführer verfrachtete mit Serge den Sarg unter Deck.

Stunden später. Kurz vor Abfahrt der Fähre fuhr eine Kutsche heran. Der Kutscher half der Madame auszusteigen. Sie dankte lediglich mit einem schmalen Lächeln, klemmte sich ihre Handtasche unter den Arm und ließ sich ihre Reisetasche reichen. Es war ihr einziges Gepäckstück.

Mit schnellen Schritten ging sie an Bord.

Es war die Kabine, in der die Madame schon bei ihren vorherigen Überfahrten geruht, geschlafen und lange wache Stunden verbracht hatte. Eine schmale Koje, eine immer wieder flackernde Lampe, eine schäbige Matte auf den Planken, das Bullauge.

Madame hatte ihre Reisetasche auf der Kofferablage abgestellt. Das Bedürfnis nach frischer Luft überkam sie. Nach einem weiten Blick über das Meer, einem Blick zurück, wo die Insel schon nicht mehr zu sehen war.

Sie stieg die Eisentreppe hinab aufs Deck und ging zum Heck des Schiffs, wo sie allein war, beflügelt von dem Gedanken an ihre neu gewonnene Freiheit und der Gewissheit, ein sorgenfreies Leben führen zu können.

Etwa dreißig Kilometer westlich der Stadt hechteten zwei halbwüchsige Jungs aus dem nahe gelegenen Dorf ins Meer und tauchten nach Muscheln. Tief unter Wasser nahmen sie schemenhaft den an einem scharfkantigen Felsbrocken verhakten leblosen Körper eines jüngeren Mannes wahr. Sie schossen gleich wieder hoch, heftig nach Luft schnappend, mit weit aufgerissenen Augen.

Die Madame entnahm ihrer Handtasche ein Päckchen italienische Zigaretten, verbrauchte mehrere Zündhölzer, bevor sie den ersten Zug nehmen konnte und – sie zuckte so heftig zusammen, dass die Zigarette und auch die Handtasche zu Boden fielen.

Serge packte sie.

Er packte sie mit beiden Händen, mit all seiner Kraft.

Er schleuderte sie herum. Er presste sie an die Bootswand unter dem Kabinendeck, gab ihr einen kräftigen Schlag ins Gesicht.

Die Madame sackte zusammen.

Serge trat die Glut der Zigarette aus, nahm die Handtasche und öffnete sie, sie war mit Francs in großen Scheinen vollgestopft.

Zehn-, Zwanzig-, Fünfundzwanzigtausend.

»Bah!«, machte Serge, »sein Geld, sein Leben. Du hast dem Monsieur beides genommen. Seinen Medikamenten irgendwas Teuflisches beigemengt. Und er hätte nie zwei Dutzend Tabletten auf einmal geschluckt. Er war müde, aber nicht von Sinnen. Glaub nicht, dass du ungestraft davonkommst.«

Er entdeckte in der Tasche noch drei Umschläge, drei Briefe, von Durand adressiert. Er wedelte demonstrativ damit, bevor er sie einsteckte.

»Vor nichts zurückgeschreckt, du widerwärtiges Scheusal!«

Die Madame schob sich langsam wieder an der Wand hoch, leichenblass, aber ohne irgendeine Regung. Mit kaltem Blick auf Serge. Sie sagte nichts. Serge signalisierte ihr, nach vorn zu gehen, an der Reling entlang.

Madame ging einen Schritt.

Sie machte einen zweiten. Einen dritten.

Beim vierten wirbelte sie herum. In der Hand Durands Revolver. Sie schoss auf Serge.

Getroffen taumelte Serge, schwankte. Er drohte rücklings zu fallen, mit letzter Kraft ließ er das Messer hervorschnellen ...

DANACH

Es war Herbst, ein goldener Herbst, und der Tag war noch frisch. Sie trafen sich am Eingang des Friedhofs Père-Lachaise. Der Neffe fuhr mit dem Wagen vor. Serge war mit der Metro gekommen. Er nahm Haltung an. Der Neffe reichte ihm die Hand.

»Ich sehe, du bist wohlauf.«

»Ein Kratzer«, sagte Serge. »Nur dumm, dass ich nicht weiß, ob ich sie noch getroffen habe. Aber sie war weg, dieses Miststück. Auf der Fähre hat niemand was mitgekriegt.«

»Man sollte nicht allzu schlecht von ihr reden. Offenbar hat sie meinem Onkel doch etwas bedeutet. Sie sollte versorgt sein, das hat er in seinem letzten Brief extra noch einmal betont.«

»Bah!«, machte Serge.

Der Neffe zog ein schmales Kuvert aus der Innentasche seines Mantels. Er gab es Serge.

»Nun, für all das, was du auf dich genommen hast, will ich dir noch einmal danken. Und für deine anhaltende Treue, auch zu mir. Es ist der Bankbeleg für dich über monatlich 2000 Francs, auf Lebenszeit.«

Serge legte die Hand mit dem Umschlag auf die linke Brust.

»Monsieur bleibt unvergessen«, sagte er.

»Das ist wohl wahr«, sagte der Neffe. »Gehen wir.«

Sie gingen durch das Tor den Hügel hinauf.

Sie gingen an Gräbern vorbei, die von hohen Sträuchern und dichtem Gebüsch begrenzt waren. Gräber, auf denen Blumensträuße lagen, frische und verwelkte, neben Kerzen und kleinen gerahmten Fotografien. Vor einer schlichten schwarzen Grabplatte blieb der Neffe stehen.

»Ein guter, ein sehr guter Bekannter meines Onkels. Ein Seelenverwandter«, sagte er und wies auf die Inschrift: *MARCEL PROUST, 1871 – 1922.* »Sie haben oft gemeinsam die Oper besucht. Mein Onkel schätzte seine ... wie sagte er? Seine ... Empfindsamkeit. Er hat ein umfangreiches Werk hinterlassen, einen großen Roman.«

Der Neffe zog seinen Hut und verneigte sich.

Serge musste wieder an seine erste Begegnung mit dem Monsieur denken, jene Regennacht vor der Oper.

Sie gingen weiter. Es waren nur noch zwei Dutzend Schritte bis zu einem Denkmal. Es stellte eine Frau in einem knöchellangen Gewand dar. Sie hatte gekräuseltes, dichtes Haar mit einem Kranz knospender Blumen. Ihr Gesicht war schmal und jung. In den Armen hielt sie ein Kreuz.

»Die Grabstätte seiner Mutter«, sagte der Neffe. »Ich habe der Friedhofsverwaltung das von dir

gottlob gesicherte Schreiben meines Onkels vorgelegt. Man ist seiner Bitte nachgekommen.«

Neben dem der Mutter war ein weiteres Grab
ausgehoben, zu beiden Seiten türmte sich die frische Erde.

Der Neffe schaute auf die Uhr.

»Nun wird es nicht mehr lange dauern, bis man
den Sarg herangetragen hat. – Dann ist er für immer mit seiner geliebten Mutter vereint – so, wie
er es sich sehnlichst erwünscht hat.«

Er schaute zum Himmel hinauf.

Serge tat es auch.

New York Times, 23. Dezember 1933:

Bei einer Razzia in der Brooklyner Butera Olive
Company stellte ein Sonderkommando aus NYPD
und FBI ein illegal gebautes Fahrzeug mit der Si-
gnatur »Paul Durand« sicher. Das mit einem Be-
stattungswagen vergleichbare Automobil ist neun
Meter lang und zweieinhalb Meter breit. Es wird
von einem Vierzylinder-Reihenmotor mit stehenden Ventilen angetrieben, hat einen Hubraum von
3,3 Litern und eine Leistung von 40 PS. Die Höchst-
geschwindigkeit beträgt 104 Kilometer pro Stunde.
Das Innere des Wagens gleicht einem Salon oder
einem Separee. Es ist beheizbar und hat hinter dem
Fahrersitz eine Toilette. Ausgestattet ist die Wa-
genfläche mit einer Bestuhlung und einem acht-
eckigen Pokertisch. Unter den Seitenfenstern be-
finden sich Halterungen für Flaschen mit Whisky,
Gin und Martini. An eisernen Haken griffbereit

zwei Maschinenpistolen inklusive Munition. In Schubfächern lagern mehrere Handfeuerwaffen.

»Eine fahrbare, hoch aufgerüstete Pokerbude – verdammt noch mal!«, kommentierte Police Commissioner Ed McBrown. »Diese Italiener werden immer erfindungsreicher.«

NACHWORT

Anfang der 1990er Jahre reiste ich zum ersten Mal nach Palermo. Anlass war die Hochzeit eines Münchner Freundes mit einer Sizilianerin. Gleich nach Ankunft unserer kleinen Reisegruppe wurde einer der Eingeladenen von einem dicht an ihr vorbeifahrenden Mopedfahrer die Umhängetasche mit Geld und sämtlichen Papieren entrissen. Ein Klassiker.

Die Miene des Brautvaters, der uns zu dem vorabendlichen Fest in einem Restaurant begrüßte, versteinerte sich. Er entschuldigte sich für einen Moment. Als wir dann am Tisch saßen, wurde ihm signalisiert, nach vorn zum Eingang zu kommen. Er kam mit der Umhängetasche zurück.

Es fehlte nichts.

»Ein Missverständnis«, erklärte er.

War er ein Mann der »ehrenwerten Gesellschaft«?

Ein Pate womöglich?

Wir haben nicht gefragt. Wir haben bis tief in die Nacht gefeiert und uns schließlich ins Hotel fahren lassen.

In das Grand Hotel et Des Palmes. Ein Hotel mit Geschichte, hatten wir auf dem Fest gehört. Lucky Luciano habe dort residiert. Verschwörungen und Morde habe es gegeben. Das machte mich neugierig. Es war anfangs allein das Interesse an der sizilianischen Mafia, der Cosa Nostra.

Ich las, was es darüber zu lesen gab, und collagierte Jahre später einen Text über ein »Familientreffen im Grand Hotel«. Dabei stieß ich auf den Autor und Erfinder Raymond Roussel, der unter mysteriösen Umständen auf Zimmer 224 des Hotel zu Tode gekommen war.

Dieser Tod hat mich seitdem immer wieder neu beschäftigt, aber es hat gedauert, darüber zu schreiben. Über einen Mann, der vermögend war und weit gereist. Der medikamentenabhängig, der süchtig war. Der gebrechlich und müde geworden war und in einer Julinacht des Jahres 1933 zu Tode kam.

Ich habe in der hier vorliegenden Geschichte seinen Namen verändert. Ich habe auf Grundlage der Fakten seine Geschichte fiktional erweitert und zu meiner Geschichte gemacht. Zu einer Erzählung über Sehnsucht zu und Suche nach sich selbst.

Begonnen aber hat alles mit dem im Folgenden abgedruckten Text, der 2012 bei CulturMag/CrimeMag erschienen ist, einer Collage aus Texten von Rich Cohen, »Murder Inc. oder nicht ganz koschere Geschäfte in Brooklyn«, Frankfurt am Main 1999; John Dickie, »Cosa Nostra«, Frankfurt am

Main 2006; Hausprospekt »Grand Hotel et Des Palmes«, Palermo; Jansen/Schütte, »Francesco Rosi«, München 1983; Peter Robb, »Sizilianische Schatten«, Köln 2000, und Schetar/Köthe, »Sizilien«, Bielefeld 2010.

Familientreffen im Grand Hotel

Albert Anastasia, ein hochrangiges Mitglied der Cosa Nostra in New York und Anführer der Cambino-Familie, betritt am Freitag, dem 25. Oktober 1957, kurz nach zehn Uhr vormittags den Friseursalon des Park Central Hotels in New York. »Er döste vor sich hin, während der Friseur seiner Arbeit nachging. Sein Stuhl stand mit dem Rücken zur Tür, sodass die Killer, zwei Männer in Anzügen mit Filzhüten und Sonnenbrillen, den Gangster und dessen mächtiges Kinn im Spiegel gesehen haben dürften, das Gesicht in dampfende Tücher gehüllt. Als der Friseur die Killer sah, trat er beiseite. Fünfmal schossen sie von hinten durch den Stuhl. Als Anastasia zu Boden fiel, schossen sie ihm weitere fünfmal in die Brust.«

Zwei Wochen zuvor kommen amerikanische und sizilianische Mafiosi im Grand Hotel et Des Palmes in der Via Roma, Palermo, zu äußerst intensiven Gesprächen zusammen. »Das Hotel entstand 1874 aus dem Patrizierhaus der Adelsfamilie Ingham-Whitaker, das bereits 1856 erbaut wurde und über einen Geheimgang mit der anglikanischen Kirche verbunden war, die sich noch immer dem Hotel gegenüber befindet. Der herrschaftliche Palazzo bestand aus zwei Etagen, einem Wintergarten (dem heutigen Foyer) und einem exotischen Garten, der sich bis zum Meer erstreckte. Die Heirat der Witwe Ingham mit Giacomo Medici sollte dann das Schicksal des Hauses grundlegend verändern: Ein lokaler Reiseunternehmer verwandelte es in das Grand Hotel et Des Palmes, das alle Palermitaner schlicht Le Palme nennen.«

Ernesto Basile, einer der größten Jugendstil-Baumeister, nahm 1907 diverse Umbauten an dem Hotel vor, und englische Innenarchitekten schufen die prachtvolle Intarsienholzdecke des heutigen Kaminsaals. In dem Grand Hotel wurde sizilianische Geschichte geschrieben. Richard Wagner beendete hier 1881 seinen »Parsifal«; Francesco Crispi hielt 1882 politische Vorlesungen; Vittorio Emanuele Orlando nächtigte hier häufig; Raymond Roussel wohnte bis zu seinem Tod in dem Hotel; General Charles Poletti schlug während des Zweiten Weltkriegs hier sein Hauptquartier auf.

Nach dem Krieg bleibt der »Kleine Rote Saal« des Hotels auf Dauer für Lucky Luciano und seine jeweiligen Gäste reserviert: »Charlie Luciano war 1906 aus Sizilien nach New York gekommen. Er hatte ein dunkles, volles Gesicht, lockiges Haar und ein erstklassiges Lächeln. In einer Herbstnacht des Jahres 1929 wurde er an den Docks der

West Side, wo er das Ausladen einer Lieferung Heroin überwachte, von vier Schlägern in einen Wagen gezerrt. Während die Limousine durch Brooklyn schlich, wurde Charlie zusammengeschlagen, mit einem Totschläger bearbeitet, mit einem Pistolenknauf und einer Eishacke traktiert, mit einem Messer in Hals und Gesicht gestochen, bis man ihn schließlich für tot hielt und am Huguenot Beach in Staten Island liegen ließ.«

Doch Charlie Luciano übersteht den Angriff lebend: »Auf der Straße wurde Luciano nun Charlie Lucky genannt – der einzige Mann, der so glücklich gewesen war, einen ›Ausflug‹ zu unternehmen und zu überleben. Was bleibt, sind die Narben in seinem Gesicht und ein herabhängendes Augenlid. Er steigt zum ›König der New Yorker Unterwelt‹ auf und wird 1936 aufgrund der Anklagen des Staatsanwalts Thomas E. Dewey zu fünfzig Jahren Zuchthaus verurteilt. Wegen der den Streitkräften der Vereinigten Staaten erwiesenen besonderen Dienste [die US-Regierung soll Kontakte zu Luciano benutzt haben, um die Landung der Alliierten auf Sizilien abzusichern] wird er nach neun Jahren begnadigt und nach Italien zurückgeschickt.«

Lucky Luciano lässt sich in Neapel nieder: »Er betrieb dort alle möglichen illegalen Handelsaktivitäten, unter anderem auch mit Drogen. Von nun an war er bis zu seinem Lebensende ein krimineller Unternehmer.«

Aufgrund seiner Verbindungen kommt es zu dem Treffen der amerikanischen und sizilianischen Mafiosi im Grand Hotel et Des Palmes. Es findet von Donnerstag, dem 10. Oktober, bis Montag, dem 14. Oktober 1957, statt: »In den 1950er Jahren erlebte Sizilien eine Phase der ziellosen Industrialisierung, die in erster Linie zum Zwecke der Bereicherung weniger vorangetrieben wurde. Der Bauboom Ende der 1950er, Anfang der 1960er Jahre überzog die Insel mit einem Flickwerk hässlicher Betonsilos, viele auf unsicherem Grund und ohne Baugenehmigung errichtet ... Der politische Träger dieser Entwicklung war die Democrazia Cristiana, die von Amintore Fanfani geführt wurde ... Die Fanfaniani stützten sich auf die traditionellen Machtstrukturen, hatten engen Kontakt zu Gutsherren wie Mafiosi und galten schon bald als diejenigen, die in allen Bereichen der Gesellschaft die Fäden in Händen hielten. Einschüchterung, Stimmenkauf und Korruption waren an der Tagesordnung.«

Es geht um politische Ämter und Posten in der Verwaltung, aber vor allem um lukrative Bauaufträge: »Das alte Zentrum von Palermo war 1943, in den Monaten vor der alliierten Invasion Siziliens, bis auf die Grundmauern zerstört worden. Viele – insgesamt etwa ein Drittel – der schönsten Gebäude, Paläste aus dem siebzehnten und achtzehnten Jahrhundert, die Familiensitze des sizilianischen Adels, waren vernichtet. Nun waren auch andere europäische Städte in den Vierzigerjahren zerbombt worden. Doch nur in Palermo lag die Altstadt auch dreißig, ja fünfzig Jahre danach immer noch in Trümmern. Treppen führten ins Leere, Fenster gaben den Blick in den Himmel frei, Unkraut wucherte büschelweise in den Mauern, hölzerne Dachbalken reckten sich gen Himmel wie Rippen verrottender Kadaver.«

Das Grand Hotel et Des Palmes aber erstrahlt in Prunk und Pracht – Marmor- und Parkettfußböden, Stuck und Intarsien, goldgerahmte Spiegel, Kristallleuchter und Samttapeten in Marineblau: »Bis heute hat es sich eine gewisse, wenn auch fadenscheinig und altersfleckig gewordene Würde bewahrt. Doch auf den langen und zum Teil verwinkelten Fluren überkommt einen mitunter das Gefühl, man sei in dem Hotel aus Stephen Kings ›Shining‹.«

Während der Oktobertage des Jahres 1957 allerdings ist auf den Gängen und in den Suiten ein ständiges Kommen und Gehen.

Der Brooklyner Mafia-Boss Giuseppe »Joe Bananas« Bonanno hält sich schon seit einigen Tagen in Italien auf. Bei seiner Landung in Rom wird er auf dem roten Teppich vom DC-Außenhandelsminister empfangen, und in Palermo wird er freudig von einer Delegation aus Honoratioren und Ehrenmännern begrüßt: »Er wurde 1905 in dem Küstenstädtchen Castellammare geboren, flüchtete in den Zwanzigerjahren aus dem Italien der

Mussolini-Zeit und wurde zum Capo seiner Familie ernannt, nachdem Lucky Luciano 1931 in der New Yorker Mafia den Frieden wiederhergestellt hatte. Danach leitete Joe Bananas über dreißig Jahre lang die in Brooklyn ansässige Bonanno-Sippe.«

In Bonannos Begleitung kommen sein Consigliere Camillo »Carmine« Galante und führende Mitglieder der Bonanno-Familie aus Brooklyn in die Stadt. Weitere Teilnehmer des Gipfeltreffens sind seine Verwandten aus Buffalo, die zur Großfamilie der Magaddino gehören, sowie selbstverständlich der aus Neapel angereiste Lucky Luciano. Die Sizilianer sind durch die Bosse nur einiger ihrer neun Provinzen vertreten.

Der Donnerstag ist der Tag der Anreise. In der Lobby und in der Bar des Grand Hotels fällt man sich in die Arme, tauscht »Brüderküsse« aus, trinkt und raucht. Draußen liegt die Temperatur in den Abendstunden noch bei über zwanzig Grad, aus den Musikboxen der Cafés ist immer und immer wieder Mario Lanza zu hören.

Es ist nicht bekannt, worüber bei der Zusammenkunft im Einzelnen geredet wird. Gesichert allerdings ist, dass die Bande zwischen der in Amerika agierenden Mafia und den in Sizilien ansässigen »Familien« neu geschmiedet wurden. Es war eine Geschäftsbesprechung. Und das Geschäft, um das es ging, waren die Drogen.

Das ist dann auch gleich am nächsten Tag Thema der Gespräche im »Roten Saal«. Der Hintergrund ist, dass die US-Bundesregierung knapp ein Jahr zuvor ein Gesetz verabschiedet hat, das für Drogendelikte eine Höchststrafe von vierzig Jahren Haft vorsieht. Jedes dritte Mitglied der Bonanno-Familie sitzt bereits wegen Drogenverbrechen im Gefängnis. Hinzu kommt, dass man keine Kontrolle mehr über die bislang wichtigste Basis für den Drogenschmuggel hat: Auf Kuba führen Fidel Castro und Che Guevara ihren Guerillakrieg, die Herrschaft des Diktators Batista ist im Niedergang begriffen. Die über die Karibikinsel laufenden Deals sind mehr als nur gefährdet. Joe Bonanno fasst zusammen: »Um die Interessen im Drogengeschäft weiter verfolgen zu können, braucht die Organisation dreierlei: eine vertrauenswürdige Quelle für Arbeitskräfte, einen Partner, dem man das Geschäft übertragen kann, das für die Organisation selbst schädlich geworden ist, und einen neuen Umschlagplatz.«

Nach einer längeren Debatte kommt man überein, dass die sizilianischen Familien, die ohnehin im Mittelmeerraum als Zigarettenschmuggler aktiv sind, ohne große Schwierigkeiten in Südfrankreich gereinigtes Heroin aufnehmen können, das von einheimischen Handelsunternehmen und verstärkt auch von Auswanderern in die Staaten geschmuggelt werden soll.

Am dritten Tag ihres Treffens, am Samstag, dem 12. Oktober, tafeln die amerikanischen und die sizilianischen Mafiosi in dem am Meer gelegenen Restaurant Spanò. Die Speisefolge beginnt mit einer Pasta con le sarde: »Ein ganz und gar typisches Palermitaner Gericht und außerhalb der Stadt, geschweige denn außerhalb Siziliens, kaum bekannt. Es handelt sich um ein sehr schlichtes Rezept ... gehackte Zwiebeln werden angebräunt und unter Zugabe von leicht gesalzenen Anchovis und rohen Sardinen weitergebraten. Die alles entscheidende Zutat ist wilder Fenchel, den man gekocht und zerteilt mit Pinienkernen, Rosinen und Safran zu den Sardinen gibt.«

Siebenundzwanzig Jahre später wird sich der damals neunundzwanzigjährige Tommaso Buscetta an diesen Abend erinnern. Zwischen Pasta und dem Servieren der Fischgerichte – knallrot die lebendig in kochendes Wasser geworfenen Langusten, stahlfarben die in weiche Saucen versenkten Wolfsfische – will der junge Sizilianer gehört haben, wie Joe Bananas drei oder vier »Ehrenmännern«, die unmittelbar um ihn herumsaßen, den Vorschlag zur Schaffung eines Gremiums machte. Jede Provinz Siziliens sollte ihre eigene Kommission bekommen: »In der Provinz Palermo gab es so viele Familien – ungefähr fünfzig –, dass ein Beratungsgremium, in dem sie alle repräsentiert waren, nicht arbeitsfähig gewesen wäre. Deshalb wurde eine Zwischenebene eingerichtet, das *mandamento* (Distrikt), dem jeweils drei benachbarte Familien angehörten; diese drei Familien sollten dann für ihr *mandamento* einen einzigen Vertreter benennen, der einen Sitz in der Kommission hatte ... Die Hauptfunktion der Kommission sollte darin bestehen, Regeln für die Ermordung von Ehrenmännern aufzustellen.«

Ob Buscetta mitgehört hat oder nicht – Fakt ist, dass die Sizilianer sich nach dem Treffen im Palermer Grand Hotel neu organisieren. Und gemeinschaftlich wird geplant, in New York das unberechenbar gewordene Oberhaupt der Gambino-Familie, Albert Anastasia, von einem sizilianischen Killerkommando eliminieren zu lassen. Der Mord im Friseursalon bleibt unaufgeklärt.

Tommaso Buscetta aber wird 1984 zu einem Pentito [Geständigen]. Während der blutigen Kämpfe innerhalb der sizilianischen Mafia bangt er um sein Leben und bricht schließlich das Gebot der Omertà, des Schweigens, und wird »zum Kronzeugen in den drei Maxi-Prozessen gegen die Mafia. Als Folge seiner Aussagen wurden vierzehn Verwandte Buscettas, darunter zwei Söhne und zwei Neffen, ermordet. Buscettas Strafe wurde auf drei Jahre begrenzt. Anschließend lebte er unter dem Schutz des US-amerikanischen Zeugenschutzprogramms in einer Kaserne in den USA und starb 2000 an Krebs.«

Zum Abschluss des Essens in Spanò werden den Gästen ein Gläschen Amaro und Limoncello-Cannoli serviert: »Das knusperige zylindrische Gebäck umhüllt die Ricotta-Creme, die gewöhnlich mit winzigen kandierten Obststückchen und Schokoladenkügelchen durchsetzt zubereitet wird ... Der Wortursprung ist hier eindeutig geklärt. Canna heißt ›Rohr‹, beim Zuckerrohr wie beim Gewehrlauf. Die *lupara a canna mozzata* der Mafia war eine abgesägte Schrotflinte.«

Das lässt sich als richtungweisendes Detail des viertägigen Familientreffens im Grand Hotel verstehen.

QUELLEN

Jochen Beyse: Palermo 1933. diaphanes, Zürich-Berlin 2012

Peter O. Chotjewitz: Malavita. Mafia zwischen gestern und morgen. Rowohlt, Köln 1973

Maximilian Gillessen: Drei Erfinder: Jean-Pierre Brisset, Raymond Roussel, Marcel Duchamp. lesdentslabouche, https://tinyurl.com/2e5f6e6u

Frank Göhre: Familientreffen im Grand Hotel. CulturMag, Hamburg 2012, https://tinyurl.com/ytd6xdsh

Frank Göhre: Der lang erwähnte Weg ins Paranoide. Über Raymond Roussel. CulturMag, Hamburg 2018, https://tinyurl.com/3zehbunm

Hanns Grössel (Hg.): Raymond Roussel. Eine Dokumentation. edition text+kritik, München 1977

Pierre Loti: Im Zeichen der Sahara. dtv, München 2000

Benito Mussolini: Ich rede mit Bruno. Essener Verlagsanstalt, Essen 1942

Jürgen Ritte: Erst das Wort, dann der Sinn. Deutschlandfunk 8.1.2013

Peter Robb: Sizilianische Schatten. Dumont, Köln 2000

Raymond Roussel: Locus Solus. Die Andere Bibliothek, Berlin 2012

Raymond Roussel, Verse 1–101, 449–534, 742–812. In: Norbert Wehr (Hrsg.): Schreibheft Nr. 91. Rigodon, Essen 2018

Uwe Ruprecht: No. 224. Urians Abseiten, ruprecht.art. blog/2017/03/08/no-224/

Joachim Schäfer: Rosalia von Palermo. Ökumenisches Heiligenlexikon, www.heiligenlexikon.de

Leonardo Sciascia: Der Tod des Raymond Roussel. Tartin Editionen, Salzburg 2002

Savielly Tartakower, Raymond Roussel und das Schachspiel in der Literatur. In: Norbert Wehr (Hrsg.): Schreibheft Nr. 91. Rigodon, Essen 2018

Jules Verne: Zwanzigtausend Meilen unter dem Meer. Diogenes, Zürich 1976

FRANK GÖHRE

Harter Fall

Kriminalroman. Paperback. CulturBooks Verlag 2023. 168 Seiten.
17,00 Euro. ISBN 978-3-95988-191-3

In kurzen, schnellen Szenen entwirft der Meister
des deutschsprachigen Noir eine spannende Geschichte
zwischen Hamburger Kiez und Jamaika.

Es sind die Monate nach der großen norddeutschen
Schneekatastrophe im Winter 1978/79: In Hamburg wird
eine unbekannte junge Frau tot aufgefunden. Zur selben
Zeit brechen zwei Abiturienten mit einem ehemaligen
Schulkameraden nach Jamaika auf. Sie wollen zu den Roots
des Reggae, in die Berge und ans Meer, auf den Spuren
des Kultfilms »The Harder They Come«. Eine Studentin aus
ihren Kreisen bleibt zurück, ihr Weg führt in das Kiez-
Milieu dieses zu Ende gehenden Jahrzehnts.

Die Geschichte der Reisenden verzahnt sich mit den
Aktivitäten der Daheimgebliebenen und den Ermittlungen
um die tote Frau. Freundschaften zerbrechen,
Schuldzuweisungen vertiefen die Kluft. Und doch bleibt
die Sehnsucht nach einer Befreiung aus
der realen und emotionalen Kälte jener Tage.

Vier Monate in Folge auf der Krimibestenliste

»Kopfkino vom Feinsten.« Nils Kahlefendt, Börsenblatt

CulturBooks Verlag

FRANK GÖHRE

Die Stadt, das Geld und der Tod

Kriminalroman. Paperback. CulturBooks Verlag 2021. 168 Seiten. 15,00 Euro. ISBN 978-3-95988-184-5

Hamburg im ersten Jahrzehnt des neuen Jahrtausends. In einem Park in Eimsbüttel wird die Leiche eines 16-jährigen Schülers entdeckt. Er ist an einer hohen Dosis Amphetamine gestorben. Sein Vater Ivo kommt wenige Tage später aus dem Knast – und möchte herausfinden, was hinter dem Tod seines Sohnes steckt.

In »Die Stadt, das Geld und der Tod« entwirft Frank Göhre ein schnell geschnittenes, intensives Panaroma der dunklen Seiten Hamburgs. Von den Vorstadtvillen und bürgerlichen Stadtteilen über den Hafen bis ins tiefste Milieu, von Grenzen überschreitender Lust bis zu kaltblütigen Morden. Das schnelle Geld dunkler Geschäfte trifft das alte Geld hanseatischer Kaufmannsfamilien. Und mittendrin zwei Freunde, um die ein Imperium zerfällt.

Drei Monate in Folge auf der Krimibestenliste

»Schnell und hart: Altmeister Frank Göhre zeigt sich in brillanter Form und demonstriert mit ›Die Stadt, das Geld und der Tod‹ virtuos, wie Noir auf Deutsch gehen kann.« Hanspeter Eggenberger, Tagesanzeiger

CulturBooks Verlag

FRANK GÖHRE
Verdammte Liebe Amsterdam

Kriminalroman. Paperback. CulturBooks Verlag 2020. 168 Seiten.
15,00 Euro. ISBN 978-3-95988-147-0

Ein Toter auf einem Autobahnrastplatz, eine verschwundene
Fünfzehnjährige, korrupte Polizisten – und mittendrin
ein Mann, der wissen will, warum sein Bruder
sterben musste. Ein rasantes Roadmovie zwischen
Hamburg, Köln und Amsterdam.

Der Hamburger Restaurantbetreiber Schorsch Köster
bekommt einen Anruf. Sein Bruder Michael wurde tot auf
einem Autobahnrastplatz gefunden, erschlagen und vollständig ausgeraubt. Von dem Täter fehlt jede Spur. Schorsch
begibt sich auf Spurensuche und muss erkennen, kaum
etwas von Michael und dessen Leben gewusst zu haben. Und
was hat Michaels Tod mit einer verschwundenen Fünf-
zehnjährigen zu tun, die von Zuhause ausgerissen ist? Seine
Recherchen führen Schorsch von Hamburg über Köln ins
Rotlichtmilieu von Amsterdam. Mitten hinein in die
Abgründe von Familiengeschichten, auch die der eigenen.

Stuttgarter Krimipreis
Deutscher Krimipreis

**»Göhre schreibt Kino – Zeitreisen, Liebe, Schmerz
und Erlösung inbegriffen.« Friedrich Ani**

CulturBooks Verlag

FRANK GÖHRE & ALF MAYER

King of Cool.
Die Elmore-Leonard-Story

Paperback. CulturBooks Verlag 2019. 240 Seiten. 15,00 Euro.
ISBN 978-3-95988-104-3

Ein lustvoller Ausflug in die Krimi- und Filmgeschichte, ein spannendes Lesebuch, eine packende Werkschau und ein assoziativer Lebensroman über einen Autor, der für die NY Times der »vielleicht beste Krimiautor aller Zeiten« war.

Elmore Leonard hat 44 Romane und zahlreiche Drehbücher geschrieben. Für die TV-Serie »Justified« lieferte er die Vorlage, und viele seiner Bücher wurden verfilmt (»Schnappt Shorty«, »Out of Sight« oder »Jackie Brown«).

Göhre und Mayer erzählen von Leonards Anfangsjahren in einer Werbeagentur und seinem Aufstieg zu einem der bestbezahlten Krimi- und Drehbuchautoren. Sie berichten von Dreharbeiten, lassen Zeitzeugen zu Wort kommen und beleuchten in Zitaten, Anekdoten und Nacherzählungen die Romane, Filme und das Leben des Kultautors. Arrangiert wie eine große und vergnügliche Jamsession. Als Leseabenteuer. Als Lebensroman. Die Elmore-Leonard-Story.

»Ein flirrendes Fest für den Leser.«
Andreas Ammer, BR2

CulturBooks Verlag